UM NOVO TEMPO

ORGANIZAÇÃO
Daniel Souza
Gylmar Chaves
Paulo Abrão

UM NOVO TEMPO

60 ANOS DO GOLPE
45 ANOS DA ANISTIA

mórula EDITORIAL
Ação DA CIDADANIA

EPÍGRAFE

DECRETADA A ANISTIA AMPLA, GERAL E IRRESTRITA

DECRETO Nº 110

Considerando que o ato de anistia realiza, neste momento, uma aspiração nacional, decreta:

ART. 1º — Estão anistiados todos os assinantes do AI-5, lei nº 477, lei Falcão e "pacote de abril".

ART. 2º — Estão anistiados os participantes dos cálculos do salário mínimo e o responsável pela falsificação das estatísticas que causou a perda de 34.1% nos reajustes salariais de 1973.

ART. 3º — Estão anistiados os responsáveis pela Transamazônica, Projeto Jari, financiamento para Luftalla, Ferrovia do Aço, Ponte Rio-Niterói, e Projeto Minerva (argh!).

ART. 4º — São anistiados todos os que assinaram a cassação de mandatos de representantes eleitos diretamente pelo povo.

ART. 5º — Anistiados estão também os responsáveis pelo confisco compulsório para viagens ao exterior.

ART. 6º — Anistiem-se os responsáveis pela proibição de livros, filmes, música, peças teatrais e balés. Anistiados ficam ainda os censores de jornais, rádios e TVs.

ART. 7º — Anistia para quem concedeu um canal de TV para Senor Abravanel/Silvio Santos, para quem nomeou o atual reitor da Universidade de Brasília e muita anistia para os que nomearam indiretos, como Leon Perez, Cortez Pereira, Marcos Tamoyo...

ART. 8º — Ficam anistiados os que assinaram os contratos de risco.

ART. 9º — São anistiados os revogadores dos *habeas corpus*, os que permitiram prisões sem processos, processos sem raízes e interrogatórios sem carinho.

ART. 10º — Anistia sim, claro, para os pobres de espírito: Zezim Bonifácil, Deduardo Galil, Dinarte Mariz, Sinval Boaventura, Erasmo Dias, Corção, Amoral Nato, Moura Cavalcanti, Francelino, Dom Sigaud, Eu G.nio Salles e, especialmente, Dom Sherer.

ART. 11º — Considerem-se anistiados os responsáveis pelas campanhas: "Ouro para o bem do Brasil", "Ninguém segura este país", "Dr. Prevenildo", "Sugismundo", "Exportar é o que importa", "Pechinche", "Mexa-se", "Ame-o ou deixe-o". Anistia completa para os autores intelectuais da Lei Pelé: "O povo não está preparado para votar".

ART. 12º — Bem-Anistiados os criadores do FGTS, os interventores dos sindicatos, os proibidores da lei de greve e os extintores do PTB.

ART. 13º — Anistia gradual e lenta para os autores, executores e beneficiários do programa: "Vamos-esperar-o-bolo-crescer-para-depois-repartir-tá?".

ART. 14º — Anistia, eu disse ANISTIA, para os responsáveis pela dívida externa de 36 bilhões de dólares. (Hein? Hein? Hein?).

PARÁGRAFO ÚNICO — Enfim, compreende esta anistia qualquer outro crime praticado contra o povo até a presente data.

Revogam-se os revanchismos em contrário.

Brasil, 28 de fevereiro de 1978,
156º aniversário da Independência
e 89º da República.

Assinado,

POVO BRASILEIRO

HENFIL

D. MARIA

(seguem-se 110 milhões de assinaturas)

2014 | CHORAM MARIAS E CLARISSES
50 ANOS DO GOLPE

2024 | NÃO HÁ DE SER INUTILMENTE

60 ANOS DO GOLPE E 45 ANOS DA ANISTIA

APRESENTAÇÃO

"O BÊBADO E A EQUILIBRISTA", canção de João Bosco e Aldir Blanc, na voz de uma das mais brilhantes cantoras da música popular brasileira, Elis Regina, pedia pela volta do irmão do cartunista Henfil, o sociólogo e ativista político Herbert José de Souza, o Betinho, que por essa época se encontrava exilado no México.

Movido pela beleza e a emoção que essa música ainda hoje nos causa, ela se tornou o hino da anistia, e antecipava o sonho de um dia reencontrarmos com todos os brasileiros e brasileiras que saíram "num rabo de foguete", para não serem presos, mortos ou torturados. Mas para muitas "Marias e Clarisses", que choravam a morte ou o desaparecimento de seus filhos e maridos, esse reencontro não seria mais possível. Restaria para elas a certeza de que a justiça seja feita e, principalmente, suas histórias nunca fossem esquecidas.

Com a Comissão da Anistia, instalada em 2002, podemos dizer que o país viveu um novo tempo, aonde mais de 70 mil pessoas foram anistiadas e reconhecidas como vítimas, várias delas por meio de Caravanas da Anistia percorrendo todo o país. Comissões da Verdade, nacional e estaduais, realizaram uma ampla investigação, não apenas dos crimes, como também dos mandantes e executores.

Numa democracia em construção como a brasileira, bastaram alguns anos para que um retrocesso civilizatório se abatesse sobre o país, colocando na presidência um militar facínora, defensor do golpe militar e seus crimes. Como todo ditador, seu principal legado foi rasgar a Constituição brasileira, destruindo políticas públicas e mergulhando o país numa espiral descendente de caos em todas as áreas.

Em vez de tanques e soldados, a arma usada a partir de 2018 foi a desinformação em massa, distribuída através de *fake news* para milhões de brasileiros, polarizando opiniões, esfriando corações e lobotomizando mentes. E foi assim que no dia 8 de janeiro de 2023, milhares de "patriotas" tentaram, mais uma vez, um golpe de estado que, por mais ridícula e patética tenha sido em termos práticos, políticos e simbólicos, foram de uma gravidade atroz, pois a eleição de 2022 foi vencida por um fio de 2 milhões de votos. Apenas 2% da população nos salvou da barbárie.

Neste ano que o golpe civil/militar brasileiro completa 60 anos, é fundamental lembrar e relembrar o que aconteceu entre 1964 e 2023, e o que a ditadura destruiu, e continua tentando. Este livro, *Um novo tempo,* não é só uma denúncia, mas sobretudo um instrumento de conscientização para os mais jovens que não viveram esse período sombrio da nossa história aonde milhares de cidadãos foram perseguidos, torturados e mortos.

Dividido em três seções, a primeira é uma seleção de textos publicados no livro, também organizado por nós, em 1999, data em que se comemorava os 20 anos da anistia. A seleção levou em conta a relevância dos textos ainda hoje e a importância dos relatos de pessoas que tiveram suas vidas transformadas pela ditadura, um testemunho deste momento. A segunda seção reúne textos produzidos por conta dos 50 anos do golpe, em 2014, que nunca foram publicados; já no terceiro bloco de textos contemplamos análises e olhares históricos desses 60 anos do golpe e dos 45 anos da anistia.

Ainda existe muito a ser feito, principalmente se compararmos com países vizinhos, como a Argentina e o Chile, que já condenaram os responsáveis pelos crimes contra a humanidade das suas ditaduras. A nossa pequena contribuição é que *Um novo tempo* reafirme a importância da democracia e o estado de direito, principalmente para aqueles que já pediram ou ainda hoje pedem a volta da ditadura militar no país.

DANIEL SOUZA
GYLMAR CHAVES
PAULO ABRÃO

1979
A ESPERANÇA EQUILIBRISTA

20 ANOS DA ANISTIA

Caía a tarde feito um viaduto
E o bêbado trajando luto
Me lembrou Carlitos.

A lua, tal qual a dona do bordel,
Pedia a cada estrela fria
Um brilho de aluguel.

E nuvens!
Lá no mata-borrão do céu,
Chupavam manchas torturadas
Que sufoco louco
Um bêbado com chapéu-coco
Fazia irreverências mil
Pra noite do Brasil, meu Brasil.

Que sonha com a volta do irmão do Henfil
Com tanta gente que partiu
Num rabo de foguete.
Chora a nossa pátria mãe gentil
Choram Marias e Clarisses
No solo do Brasil.
Mas sei que uma dor assim pungente
Não há de ser inutilmente
A esperança dança
na corda bamba de sombrinha
Em cada passo dessa linha
Pode se machucar.
Azar! A esperança equilibrista
Sabe que o show de todo artista
Tem que continuar.

"O BÊBADO E A EQUILIBRISTA"
LETRA DE ALDIR BLANC

A VOLTA DO IRMÃO DO HENFIL[1]

HERBERT JOSÉ DE SOUZA
(BETINHO)

A ANISTIA ME SURPREENDEU. Uma enorme surpresa, mas também um equívoco do cientista político que eu era. Certo de que a Anistia viria três anos mais tarde, eu havia organizado minha vida na perspectiva de concluir a tese de doutorado no México, antes de uma possível volta ao Brasil. A Anistia veio me procurar mais cedo do que o previsto. Um alegre equívoco, diga-se de passagem.

Após seu anúncio, em setembro de 1979, eu estava convencido: deveria voltar. Primeiro, em razão do meu engajamento político. Segundo, porque Henfil, em seu trabalho de cartunista, ligara meu nome à luta pela anistia e pela volta dos exilados. Sua campanha me converteu em símbolo daquela luta, principalmente graças à música interpretada por Elis Regina, "O bêbado e a equilibrista", composta por João Bosco e escrita por Aldir Blanc, que falava na volta do irmão do Henfil, a minha volta. Todas as charges e desenhos publicados por meu irmão nos jornais brasileiros estavam

1 Extraído de "Revolução da minha geração: depoimento a François Bougon". São Paulo: Moderna, 1996.

acompanhados dessa interrogação: "quando meu irmão vai voltar?". Eu me tornei o símbolo do conjunto dos exilados.

Aquela canção me forçou a voltar. A primeira vez que a ouvi, estava no Canadá. Segundo Maria, minha companheira, foi no México. Pouco importa: lembro-me sobretudo da impressão que senti quando a escutei pelo telefone. Henfil me ligou e pediu para que eu a ouvisse. Alguns segundos de silêncio, a música, depois as palavras, lindas, ficaram gravadas em minha memória. Elas não se referiam diretamente ao exílio: a música fazia numerosas referências simbólicas. De repente, apareceram alguns versos — "meu Brasil, que sonha com a volta do irmão do Henfil" —, e, então, percebi do que se tratava. Uma emoção muito grande tomou conta de mim.

Durante a ditadura, a música popular teve um papel político importante. E, no caminho de tantas outras canções, "O bêbado e a equilibrista" se tornou o hino da resistência. Aquelas poucas palavras me fizeram entrar para a história do Brasil.

No momento da Anistia não tive mais dúvida: a hora de voltar estava próxima.

Graças ao exílio, pude expor as poderosas raízes da minha nação e cultura. Senti, profundamente, a dor de ser estrangeiro. Fora da terra natal, não escapava da condição de ser estrangeiro, apesar de todo o amor que meus anfitriões manifestavam por mim. Eu era um estrangeiro no México, no Chile, em Cuba, no Canadá... um sentimento desagradável. A terra natal encerra uma força telúrica e única, que alguns exprimem assim: "Quando morrer, quero ser enterrado na terra que me viu nascer, no quintal da casa da minha avó...".

De tempos em tempos, no exílio, uma angústia me sufocava: aquela de jamais rever o Brasil. "Nunca, jamais", dizia-me baixinho a saudade.

COMEMORAR O QUÊ?

ALCIONE ARAÚJO

RECONHEÇA-SE, DESDE JÁ, na luta pela anistia, um momento histórico de grandeza humana e maturidade política no âmbito dos movimentos progressistas. Por uma causa humanitária, cívica e política, foram superados os históricos obstáculos das nuances ideológicas e do facciosismo. Conservadores legalistas deram as mãos a radicais incendiários. Ainda sob o tacão ameaçador e implacável da ditadura militar, o movimento pela anistia soube se articular em vários níveis, nacionais e internacionais. A ideia se alastrou pela população e contagiou a consciência nacional, que se convenceu da necessidade de aplacar os ânimos, cicatrizar feridas e criar um ambiente favorável à reconciliação. Todo esse empenho além da contribuição pedagógica do trabalho ecumênico e suprapartidário proporcionou, se não uma reconciliação, uma ambiência de tolerância e respeito, onde os antagonismos se esgotavam sem necessidade de recorrer às arbitrariedades anteriores. E todo esse empenho culminou na aprovação, pelo Congresso Nacional, e posterior promulgação pelo Presidente da República, da "Lei da Anistia" — àquela altura uma demanda de quase toda a nação. É inegável, indiscutível, a importância desse fato. É, pois, justo que se diga que "a Anistia foi um marco dos mais importantes. Um dos pilares do processo de reconstrução democrática".

Agora, vinte anos depois, afirma-se que "é necessário comemorar, relembrar e marcar a luta". A intenção da celebração é de "que os valores democráticos relacionados à luta pela anistia sejam preservados, que a democracia seja valorizada, e as novas gerações conheçam um pouco da nossa história política".

A anistia é um ato do poder governante, considerando que, por razões públicas, não devem ser punidos todos aqueles que cometeram determinados tipos de crimes, em geral com propósitos políticos. Anistiados são impuníveis, não são inimputáveis. A anistia suspende a pena, mas não tem como anular os crimes. Os ditos crimes políticos — como é óbvio — não deixaram de existir, nem foram esquecidos. Seus autores não foram absolvidos. Apenas não foram castigados. Aceitar a anistia significa, pois, admitir que se cometeram delitos, assim como reconhecer a legitimidade do poder governante em promulgá-la.

De sua parte, a ditadura militar, diante do clamor da anistia, anteviu os benefícios que alcançariam suas próprias hostes. Na barbárie instalada, a Constituição não valia nada. Direitos individuais foram suspensos. Mandatos cassados. Carreiras interrompidas ou prejudicadas. Empregos subtraídos. Cidadãos se exauriam na amargura do exílio. Vidas eram consumidas nos porões da tortura, em falsas fugas ou falsos tiroteios. Os responsáveis, que deveriam ser punidos, seriam os maiores beneficiados pela mesma lei. Criminosos integrantes do aparelho de Estado, remunerados com dinheiro público, agindo em instalações do Estado e em nome do próprio Estado para perpetrarem suas atrocidades, seriam igualmente anistiados, e teriam garantidos seus cargos, salários, proteção individual, promoções, privilégios etc.

O regime militar — o poder de fato, mas não de direito — se considerava em guerra contra o terrorismo. Entendia que seus homens, ao contrário de cometerem crimes, defendiam a pátria. Seus adversários consideravam-se numa luta de libertação nacional, contra a ditadura e pelas reformas sociais indispensáveis ao povo brasileiro. Luta revolucionária, ética revolucionária. A incomensurável desproporção entre os contendores opunha à barbárie dos mais fortes ao desassombro dos mais fracos. Não era uma guerra: era um massacre.

Promulgada, a anistia foi recebida com festa e percebida como um gesto de reconciliação. Frustrados os sonhos, os ideais abalados, as convicções amoldadas ao novo quadro político nacional e internacional, exaustos de dolorosas autocríticas e extenuantes revisões, os beneficiados curvaram-se à evidência e aceitaram sem discussão. No clima de desespero e revolta pelas enormes perdas individuais, sociais e políticas de desterrados, condenados, torturados, mutilados, perseguidos, cassados, desempregados etc. não havia nada mais sensato: voltar e recomeçar. A grande maioria, do nada.

Passados vinte anos, com os acontecimentos revisitados e reavaliados, agora como fatos históricos, os ressentimentos cicatrizados, a reflexão ponderada pelo afastamento, instaurada a lucidez indispensável à análise, o que, afinal, se estaria comemorando com "vinte anos de anistia"? Um momento histórico da união quase unânime dos brasileiros por uma causa? A vitória dessa causa? O surgimento de um dos pilares de reconstrução democrática? A posterior tolerância entre o regime militar e os anistiados?

Nesse episódio não houve equanimidade. Um lado foi anistiado. O outro protegido e promovido. Vinte anos depois, ainda não há muito a comemorar. O melhor é deixar que a própria conquista da democracia nos conforte e console, vários anistiados estão no poder; deveriam garantir a democracia tornando-a social, e não apenas representativa. E que o tempo cubra de pó esses fatos e personagens. Pelo menos até que a História nos revele o que comemorar.

O CÉU É DAS ELITES

ARTHUR JOSÉ POERNER

O GOLPE MILITAR DE 64 me pegou no início da carreira jornalística, no "Correio da Manhã", do Rio de Janeiro. Embora novato na profissão e na cultura política, egresso da formação alienante para o oficialato da Marinha de Guerra, recebi-o como irrupção do argumento dos tanques, brandido pelos que sempre dominaram o país e não se dispunham a abrir mão de qualquer fração dos seus privilégios, no debate que inflamava a nação em torno das reformas de base propostas pelo presidente João Goulart. Fui contra, desde o primeiro minuto, como já fora, em 1961, ainda menos politizado, contra as tentativas empreendidas, por setores militares golpistas, para impedir a posse de Jango, e, no plano internacional, pelos Estados Unidos, para esmagar a Revolução Cubana.

Para mim, que havia sido, no limiar daquela década, um rebelde sem causa concreta, fã de James Dean e simpatizante da "juventude transviada", o golpe significou, de imediato, mais um salto à frente na conscientização da realidade. Inclusive porque as medidas inaugurais do regime implantado em 1º de abril não deixaram margem para dúvidas: contra a reforma agrária no campo, o tabelamento dos aluguéis nas cidades e a limitação das remessas de lucros ao exterior, assim como — diante de imposição norte-americana — pelo rompimento das relações diplomáticas com Cuba.

A resistência

O "Correio da Manhã", que apoiara a deposição de Goulart com três sucessivos editoriais de primeira página — "Chega!", "Basta!" e "Fora!" —, começou a mudar de posição já no dia seguinte, ante a onda de violência fanática desencadeada sob o pretexto de combate ao comunismo. O caminho da resistência — que levaria o poderoso e influente diário à morte em pouco mais de 10 anos — estava aberto para nós, seus redatores e repórteres. Foi do Carlos Heitor Cony em 7 de abril, com o artigo "Da salvação da pátria", o primeiro passo de maior repercussão. Alguns de nós o seguimos com tamanho entusiasmo que, em 1966, eu — então também diretor da Folha da Semana, semanário legal do Partido Comunista Brasileiro — já havia feito por merecer a suspensão dos direitos políticos por 10 anos, num decreto presidencial do marechal Castelo Branco, enquanto quatro companheiros de Redação se elegiam deputados: Márcio Moreira Alves e Hermano Alves, federais; Fabiano Villanova Machado e Alberto Rajão Reis, estaduais.

À crescente popularidade do "Correio da Manhã", que nos rendia muitos convites para palestras (e para noites de autógrafos dos meus primeiros livros, lançados pela Civilização Brasileira), correspondia gradativo e inexorável cerco político e financeiro da ditadura, que ia asfixiando o jornal para onde afluíam as queixas e os protestos de todos os violentados e oprimidos.

Na noite de 13 de dezembro de 1968, enquanto o país tomava conhecimento do Ato Institucional nº 5 — um golpe dentro do golpe, que endureceria ainda muito mais o regime —, o corajoso diário foi invadido e ocupado por policiais e militares armados de granadas, fuzis e metralhadoras. Uma verdadeira operação de guerra, que fechou a avenida Gomes Freire, nos arredores da Lapa. O diretor da redação, o tarimbado jornalista e escritor Osvaldo Peralva, foi atirado, com as mãos algemadas às costas, na caçapa de um camburão. Edmundo Moniz, Franklin de Oliveira e eu, avisados por colegas de que estávamos sendo procurados na portaria, tivemos que sair por uma janela dos fundos do segundo andar e, com a ajuda de uma tábua providencial, entrar por outra, de um edifício da rua do Lavradio. As pessoas que acompanharam a fuga das janelas do prédio vizinho torciam por nós, o que muito nos confortou. Pelos furos da cortina da sala-e-quarto que nos acolheu (com direito a um lanche na madrugada), assistimos ao início do trabalho dos sensores do Exército na Oficina. Dali, Edmundo saiu, mal disfarçado em macacão operário, para o exílio no Uruguai. Franklin e eu só pudemos deixar o esconderijo na tarde do dia seguinte, para um período de clandestinidade em que voltei a escrever, sob pseudônimo, para o matutino.

Da onda de repressão desencadeada pelo AI-5 já me inteirei no generoso abrigo oferecido por um tio. Ela se estendia a todo país e atingia com especial virulência a área cultural. Era a implantação do império da violência, do obscurantismo e da censura. Livros, por exemplo, já haviam sido alvos de hostilidade, mas só depois do AI-5 um ministro da Justiça, Alfredo Buzaid, resolveu proibi-los e mandar apreendê-los em massa. Na relação dos primeiros 20 — enquadrados, conforme fez questão de esclarecer o jurista, não por conterem "matéria ofensiva à moral e aos bons costumes", mas por neles ver "configurada propaganda subversiva" — entre obras de Che Guevara, do martinicano Frantz Fanon (um dos principais teóricos do anticolonialismo), do general vietnamita Nguyen Giap, dos marxistas norte-americanos Leo Huberman e Paul Sweezy ("História da riqueza do homem") e de Mao Tsé-tung, duas de autores brasileiros: "História militar do Brasil", de Nelson Werneck Sodré, e o meu terceiro livro, "O poder jovem", uma história da participação política dos estudantes brasileiros, lançada menos de cinco meses antes da invasão.

Quanto a esse último, para meu consolo, não puderam mais retirá-lo das livrarias, porque, depois de semanas nas listas dos mais vendidos, com o movimento estudantil na vanguarda da oposição à ditadura nas ruas das principais capitais, se esgotara rapidamente. Uma nova edição, como as de outras obras constantes do índex (eram 353 em maio de 1977, segundo a Associação Brasileira do Livro), sairia somente com a chamada abertura do regime, 10 anos depois, quando já haviam sido consumidos pelas chamas — pois a incineração era, em geral, o coroamento do ritual da censura — textos de Mirabeau, Henry Miller, Althusser, Diderot, Lênin, Trotski e Musset, entre tantos outros, como também dos brasileiros Rose Marie Muraro, Aguinaldo Silva, Rubem Fonseca e José Louzeiro.

Com os caminhos do jornalismo e da publicação de livros obstruídos, recebi a tarefa de participar — único brasileiro — de um congresso de solidariedade ao povo vietnamita na Finlândia, com a recomendação de ficar no exterior o máximo que pudesse. Quem me levou ao aeroporto foi um famoso amigo e vizinho no Jardim Botânico, o bicampeão mundial de futebol Mané Garrincha, no único carro que tive, um Fusca usado que eu ainda não aprendera a dirigir, comprado com os direitos autorais de "O poder jovem".

Depois de alguns meses de viagem, em que atravessei a Europa do Báltico a Bálcãs, conheci a Iugoslávia e a Polônia a convite dos respectivos governos e revisitei a Argélia, reencontrei o Brasil ainda mais sombrio, no início do governo Médici, um dos mais opressivos da sua história, e o "Correio da Manhã", que nascera com o século, em fase terminal, arrendado — numa derradeira tentativa da sua destemida proprietária, Niomar Moniz Sodré Bittencourt, para salvá-lo — a um grupo de empreiteiros, sob cuja gestão ele se apagaria "sem o estrondo de um desmoronamento", segundo a imagem de um dos seus ex-redatores, o poeta Carlos Drummond de Andrade. Antes do desenlace, no entanto, tentei voltar à rotina jornalística, com a ilusão otimista de que alguma forma de resistência ainda seria possível, inclusive pela coluna diplomática que escrevia sob o pseudônimo de Marco Antônio.

A prisão

Um dia depois do sexto aniversário do golpe, em 2 de abril de 70, vieram me prender, à noite, no jornal. O editor-chefe, Zuenir Ventura, procurou ganhar tempo, argumentando com os captores que eu seria imprescindível ao fechamento da edição. Não era verdade nem os sensibilizaria, mas os distraiu o bastante para que eu pudesse me desvencilhar do caderninho de telefones. Fui levado a pé para o Departamento de Ordem Política e Social (DOPS), a uma quadra de distância. Logo à entrada, uma ordem impossível de ser cumprida: que eu carregasse o "vultoso material subversivo" — três malas repletas de livros, documentos e rascunhos de textos que jamais reaveria — apreendido lá em casa.

Na mesma noite, em meio a safanões e ameaças, fui conduzido, num camburão, para o quartel da Polícia do

Exército, na rua Barão de Mesquita, Tijuca, onde funcionava o Centro de Operações de Defesa Interna (CODI) da região. Como as celas do Pelotão de Investigações Criminais (PIC), no fundo da caserna, estavam lotadas, levaram-me, com outros excedentes, para um corredor fechado, diante de um conjunto de cinco solitárias. Mais ou menos como acontece com os pobres, à falta de leitos em nossos hospitais públicos, ficamos no chão do corredor, deitados. Aguardando, sob a vigilância de um guarda à porta do recinto, tratamento para a síndrome ideológica adquirida de resistência à tirania. O atendimento era na sala ao lado, chamada de boate por causa do tom arroxeado que iluminava a parafernália da cura: pau-de-arara, cadeira do dragão etc. Não poderei esquecer jamais os gritos de dor e desespero que dali saíam. Por vezes, seguidos de silêncios não menos lancinantes. Um inferno.

Às vésperas da Copa de 70, talvez por necessidade de espaço, fomos — um grupo que incluía o Gabeira — transferidos, devidamente algemados e com as cabeleiras tosquiadas, para o DOPS, um paraíso para nós, com meia hora de visita semanal que nos propiciou emocionantes reencontros familiares. Há mais de dois meses na prisão e com a preventiva só então solicitada, vali-me da oportunidade para relatar ao Alceu Amoroso Lima, no "Jornal do Brasil", a situação em que nos encontrávamos — éramos uns 30, dos quais 12 estudantes, 5 médicos e 3 jornalistas — quando Médici declarava que não havia presos políticos no Brasil. E o bravo Alceu, mais uma vez, não negou fogo (Athayde, 1970). Até então, só o *Le Monde*, em Paris, havia noticiado a minha prisão.

Chegamos a assistir à estreia do Brasil contra a Tchecoslováquia, num aparelho de televisão que um policial conhecido pela sugestiva alcunha de "Milton do Pó" — detido no DOPS enquanto esperava julgamento, ao que se dizia, por assassinato — fez instalar na maior das celas. Lembro-me de que, num esforço de correção política, antevendo a exploração do tri pela ditadura, conseguimos torcer pelos tchecos até o momento em que fizeram o seu único gol, quando o nosso patriotismo em chuteiras veio à tona para fulminar qualquer elucubração tática ou estratégica que implicasse um fracasso da seleção brasileira no México.

Não obstante, dois ou três dias depois, acabou o recreio. Recambiados, acompanhamos a evolução da vitoriosa campanha pelos fogos que saudavam o final dos jogos em torno do quartel. E vibramos, embora cientes de que o regime, lá fora, extraía o máximo proveito da conquista.

Foi a época, também do sequestro do embaixador alemão Ehrenfried von Holleben, afinal trocado pela libertação de vários companheiros de prisão, entre os quais, Carlos Eduardo Fayal de Lyra, da ALN, que dividia uma cela comigo. Mudaram-me para uma coletiva, em que fui eleito xerife antes de ser solto com a recomendação de marcar presença, todas as quintas-feiras, no Ministério do Exército.

Em regime de liberdade vigiada — após três meses e meio de prisão que resultariam em processo arquivado pela Justiça Militar —, retornei ao jornal em cujas páginas nunca precisara apelidar de revolução o golpe de 64. Fui demitido quase imediatamente, sob alegação de que colocava em risco a sobrevivência da empresa.

Apesar da solidariedade de amigos, logo percebi que as portas da profissão tinham-se cerrado. Ainda participei da criação de um espetáculo de samba, "Cartola convida", na antiga sede da UNE, mas, para mim, não havia mais como sobreviver, nem como resistir, politicamente, no país. Com a ajuda da Anistia Internacional, que se empenhara pela minha libertação por iniciativa de seus grupos de Berlim e

Roterdã, e de um convite da Embaixada alemã para a Feira Internacional do Livro de Frankfurt, parti, em setembro de 70, para um longo exílio com a minha mulher, Érica. Depois da temporada no inferno, o purgatório.

O exílio

Menos mal que peguei a República Federal da Alemanha no início do seu primeiro governo social-democrata, de Willy Brandt, que ganharia o Prêmio Nobel da Paz do ano seguinte por sua política de abertura para o Leste socialista. Em Bonn, onde passamos o primeiro semestre, concluí que informar a nossa gente sobre a existência democrática alemã e de outros povos era uma forma de resistência a partir do exterior. Mas, quem publicaria, na imprensa submissa ou subjugada do Brasil, o que eu escrevesse? Pensei logo no Hélio Fernandes, que também tivera os direitos políticos suspensos e fora até confinado em Fernando de Noronha pela ditadura. E ele, de fato, publicou, com o maior destaque, na "Tribuna da Imprensa", todos os artigos, assim como a entrevista com o Prêmio Nobel de Literatura guatemalteco Miguel Ángel Asturias, que lhe enviei. Essa última, para que se tenha uma ideia do que era essa resistência pela sutileza, saiu sob o título "Toda a grande literatura hispano-americana foi produzida por exilados", citando os casos do argentino Domingos Faustino Sarmiento, do cubano José Martí, do venezuelano Rómulo Gallegos etc.

À resistência pelo humor nas páginas do "Pasquim", em que colaboraria até o fim do despotismo, integrei-me em Berlim, onde viveria ano e meio estudando alemão na Universidade Livre, um dos berços da rebelião estudantil mundial de 68. Entre os inúmeros grupos em que se atomizara a esquerda alemã, havia até o Tupamaros de Berlim Ocidental, mas ainda eram poucos, à época, os exilados políticos latino-americanos. As grandes levas só viriam com a implantação de ditaduras militares — todas abençoadas pelos paladinos da democracia e dos direitos humanos em Washington — no Chile (73), Uruguai (76) e Argentina (76). Com a primeira, veio a mineirinha Dora, Maria Auxiliadora Lara Barcellos, banida do Brasil, depois de muita tortura, entre os 70 trocados pelo embaixador suíço, e refugiada da barbaridade de Pinochet. Suportou o segundo exílio até maio de 76, quando pôs fim à vida, sobre os trilhos do metrô berlinense. Eu já havia largado o projeto de doutorado em Ciências Políticas na Freie *Universitat* por um contrato de redator da "Voz da Alemanha", em Colônia.

Era preciso, constantemente, endurecer-se sem perder a ternura. Foi o que ouvi, em termos menos guevarianos, com o comunicado de que o meu pai, de quem me despedira no aeroporto de Amsterdã, no fim da única visita que pudera me fazer, vivia seus últimos dias no Rio. Que um regresso naquele momento, princípio de 73, seria um problema a mais para a família e para os amigos. Resistir, em todos os planos. Sempre. Não havia alternativa. Nisso, o purgatório não diferia do inferno. Embora, longe dos malignos e das suas ferramentas, as perspectivas de resistência fossem, obviamente, bem mais amplas. Mesmo para quem circulava, como eu, com um passaporte apátrida de refugiado, nos termos da Convenção de Genebra.

Às margens do Reno, foi possível retomar, com regularidade, a campanha pela anistia que o "Correio da Manhã" já reclamava quando a tortura, antes de ser democratizada pelo AI-5, ainda costumava poupar intelectuais e doutores.

Em busca de apoio internacional à nossa causa, participamos de eventos de solidariedade como os que me levaram, por exemplo, com Augusto Boal e Apolônio de Carvalho, à Suécia e à Dinamarca. Pude, também, pelas ondas curtas da *Deutsche Welle*, falar para o Brasil, e abrir os microfones para companheiros de luta. E colaborar para o Movimento e outras publicações nacionais e estrangeiras, bem como reiniciar a publicação de livros, como a obra coletiva "Memórias do exílio", em Lisboa, e o romance "Nas profundas do inferno" (a exorcização da experiência no cárcere), na Espanha e na Itália.

Há 20 anos, com a Anistia (que, até hoje, não é geral nem irrestrita), pudemos retornar. Acabou, formalmente, a ditadura política, mas não a econômica e a social. O céu daqui, apesar de todas as ações e campanhas que nos mobilizaram desde então, permanece reservado às elites que mandam há 500 anos, por controlarem as alavancas da riqueza, do conhecimento e da influência nas decisões dos três poderes. O povo ainda vive lá embaixo, nas profundezas da miséria, da ignorância e do atraso, buscando a saída para o purgatório nos rastros de pilhagem e destruição que vão deixando os governos — agora eleitos, mas neoliberais. Por isso, em nome desse povo que justifica — só ele — tudo o que fizemos e passamos, a resistência e a luta têm que continuar.

DITADURA, ANISTIA E DEMOCRACIA

BETE MENDES

PENSAR SOBRE OS ANOS que sucederam o golpe militar de 1964 é, ao mesmo tempo, difícil e doloroso.

Difícil porque cada lembrança não podia ser guardada. A qualquer momento qualquer um de nós poderia ser preso, torturado, pressionado, e, se tivesse algum nome, fato, data estaria sendo o agente para que outro de nós passasse pela mesma situação-limite.

Doloroso porque, antes de qualquer situação de enfrentamento com os militares, ou os paramilitares de plantão, a consciência, os valores que um de nós guardava conviviam com a dúvida, o medo, a angústia.

Lembro de mim no colégio, com as ordens sendo dadas em formação, no começo da manhã, comunicado sucinto e sério: para colocar ordem no país os militares assumiram o poder, e aqui (colégio público), como em qualquer instituição pública, não será permitida manifestação de repúdio a ordem estabelecida. Em seguida, em formação única ainda, canta-se o Hino Nacional. Eu, sem consciência política formada, mas estudando na instituição mais disputada na rede educacional, que era a pública, e com o vigor da adolescência, saio da fila e me recuso a cantar o Hino. Resultado: suspensão das aulas.

Hoje, ao lembrar desse fato e de outros, que me aparecem como *flashes* da época do terror, reflito sobre os milhões de jovens como eu que deixaram, naquele momento, de ter a orientação pedagógica como base da educação para receber, da noite para o dia, mudanças traumáticas no ensino, que passou a ser gerenciado por uma "inteligência", ensino que tinha entre professores e alunos os perseguidos e os perseguidores.

A Nação se viu tomada por um silêncio assustador.

Os meios de comunicação, os setores de produção, todas as áreas de atividade foram sendo modificados.

E o terror se instalou tão melífluo que a grande maioria da sociedade sabia que alguma coisa havia mudado, mas não sabia exatamente o quê.

A sociedade brasileira só ouvia nesse silêncio uma única voz que dizia: o regime democrático eleitoral estava levando o país a uma anarquia, e os "subversivos", "esquerdistas", "comunistas", "terroristas" queriam levar o país ao caos.

E o caos verdadeiro se instaurou.

Nos segmentos de educação e cultura, a dúvida, a desconfiança e o medo passaram a isolar as pessoas umas das outras, e todos passamos a ser vítimas e patrulhas de nós mesmos.

A cada semestre, mais espaço de liberdade era derrubado. Ainda na área educacional, livros foram queimados, autores foram proibidos, professores foram presos ou tiveram que fugir às pressas do país, o mesmo acontecendo com os estudantes.

Nas organizações de trabalhadores, igual.

Nas artes, igual. E a Nação recebendo comunicados do governo central.

O mais doloroso é que, nas forças militares, criaram tropas de elite onde o melhor aperfeiçoamento era saber se infiltrar nos ambientes onde se pensava, para entregar quem fosse contra o regime, os que, no mosaico de dor e espancamento, fossem mais frios para humilhar, machucar e até matar. E essas tropas de elite, além de receberem promoções mais rapidamente, mataram pessoas e marcaram milhares de homens e mulheres para sempre.

E quem financiava esse caos? Uma parte do empresariado que estava se unindo ao governo, para, em benefício próprio, amealhar mais riqueza originada na servidão de cidadãos.

Mais: a orquestração da ordem e do progresso formou grupos de paramilitares, civis que, em nome da moral e dos bons costumes, eram protegidos pelos militares em sevícias e mortes de cidadãos que por acaso pudessem duvidar que estavam contra o que eles determinavam.

Essa roda-viva que Chico Buarque tão belamente retratou foi sendo girada pela reação natural da sociedade: quem se sentiu tolhido por não poder pensar, por estar proibido de conversar, trocar ideias, escrever, atuar, foi se organizando e, trabalhando arduamente, se aliando ao movimento de recuperação do estado de direito da Nação brasileira.

Nesse período, o Congresso e os partidos políticos manietados, e a cidadania sem poder se manifestar pelas instituições públicas, vão gradativamente encontrando, e o Movimento da Anistia vai, gradual e permanentemente, crescendo no Brasil.

A Igreja Católica progressista, a Ordem dos Advogados do Brasil, a Associação Brasileira de Imprensa, os sindicatos, as mães de presos e desaparecidos, os artistas, professores, cientistas, enfim, toda a sociedade vai aprendendo a criar estratégias para, pela paz, pelos direitos humanos, pela democracia, enfrentar o sucessivo general presidente e seu Ministério.

Anos seguidos se fazem reuniões cuidadosas, a cautela aprendida no terror ensina cada setor engajado na luta pela anistia e pela redemocratização do país a se cuidar.

O aprendizado político foi profundo e rápido: a consciência de valores universais vai aglutinando mais e mais adeptos à causa da luta pela vida, pela liberdade e pela democracia no país.

Por mais que o terror se tenha instalado, com seus agentes espalhados por todo o território nacional, a organização democrática vai se fortalecendo, e com argúcia e perseverança, conseguem-se obter informações, aliadas. E, mesmo com as eleições travadas, os "atos institucionais" vigorando, vão-se abrindo brechas no *bunker* do Estado militar.

Os jovens, mesmo tendo perdido a UNE, vão às manifestações de rua e gritam para os pedestres: mataram um estudante, podia ser seu filho.

Os jornais da imprensa alternativa são o canal de informação e debate, os teatros, os autores teatrais, os atores, os compositores, os escritores, os músicos vão proliferando, na arte e no conhecimento, os valores humanitários.

Os comícios e reuniões vão se repetindo, e em cada capital, em cada bairro, em cada região, se cantam a paz, a denúncia, a reivindicação.

Os presos têm voz gritando por sua liberdade fora dos cárceres. Os exilados criam uma via direta com os movimentos dentro do país e reportagens no exterior sobre a real situação da "liberdade política" que existe sob o governo militar.

Em anos contínuos dessa organização múltipla, em nome dos que foram assassinados ou "desaparecidos" pelas "tropas especiais", se grita a urgência de anistia para os que sofrem nas prisões e dos que, vitimados pelo governo ditatorial, não tem chance de viver como cidadãos no Brasil.

E finalmente o Congresso Nacional debate a Lei da Anistia Ampla, Geral e Irrestrita, debate esse acompanhado pelos movimentos de anistia de todos os setores organizados da sociedade.

Na batalha de ideias, e com a urgência de resgatar os direitos civis, só se conseguiu uma Anistia Parcial e Restrita.

Anistiados foram exilados, de líderes políticos a cidadãos comuns que, amargando no exílio, tiveram o direito de voltar à sua terra natal.

Não foram anistiados os cabos e soldados das Forças Armadas que se recusaram a cumprir ordens de formar com as tropas que perseguiam, prendiam e matavam cidadãos brasileiros.

Sequer passou pela perspectiva da Lei da Anistia, aprovada e sancionada pelo general presidente, a identificação de militares que, nessa guerra que se instalou no país, foram os responsáveis por todas as mazelas causadas à sociedade brasileira.

E, com amargura, mas consciente da necessidade desse avanço, a sociedade respirou um pouco com a liberdade conquistada por seus representantes presos e exilados.

Um canto marcou a anistia: "O bêbado e a equilibrista", de João Bosco e Aldir Blanc, que junto a muitos artistas, se posicionaram pela volta da Nação ao estado de direito.

Nesse projeto percorrido pela anistia, junto à luta pela liberdade dos que foram vítimas da ditadura militar, estava em gestação a luta pela conquista da democracia.

Quando os militares deram o golpe de 64, o Brasil ainda se ressentia de uma democracia precária, na República jovem que governava o país.

A luta pelos direitos democráticos se manifestava para a volta dos partidos políticos, a volta da liberdade sindical, da liberdade de imprensa, dos direitos civis de inviolabilidade da vida privada, a volta de eleições livres e soberanas para o Legislativo e o Executivo, a volta do estado de direito, sem "atos institucionais".

A luta por toda essa organização democrática do Estado brasileiro foi contínua, e os mesmos setores que clamavam pela anistia estavam nessa frente.

E, mais uma vez, a "inteligência" do poder, com seus mantenedores dentro e fora do país, foi orquestrado com os seus representantes no Executivo, Legislativo e Judiciário uma volta vagarosa, parcial e restrita.

Houve liberação para eleições, sem espaço para debates nos meios de comunicação. Nas regiões, estados ou municípios, consideradas "áreas de segurança nacional", não podia haver eleições para o Executivo, havendo apenas a nomeação de um prefeito ou governador. Presidente da República, nem se cogitava no poder. O argumento é que a Nação não estava amadurecida para eleger seu representante máximo.

Concomitantemente, a sociedade já se organizara o suficiente para, no sindicalismo e nas organizações partidárias, fazer sua reivindicação se tornar conhecida, por meio de assembleias e debates. E a grande imprensa, mesmo com restrições, começava a divulgar esses foros de opinião.

Mais uma vez, as tropas são chamadas para, em nome da ordem, reprimir, prender, encurralar os líderes e suas organizações.

Mas a Nação ainda "não madura" se manifesta, e, com a velocidade cada vez maior da comunicação, consegue levar para a área institucional novamente o debate dos direitos civis.

É claro que, infelizmente, essa cobertura pela mídia ainda estava circunscrita aos grandes centros urbanos[1].

Nessa lenta redemocratização, depois de, afinal, as áreas consideradas de "segurança nacional" voltarem a ter eleições livres e soberanas para o Executivo, depois de diminuir a censura política no estrito senso, ou melhor, depois que a censura política começou a se travestir com outra

1 Nas regiões mais distantes, e onde a lei marcial persistia, não havia informação local, apenas a informação gerada por satélites dos grandes centros.

nomenclatura, vai se retomando, com um atraso de vinte anos, o estado democrático.

Na recuperação das instituições livres do Estado democrático, a eleição presidencial foi a última a ser conquistada.

Porém, hoje ainda temos uma democracia precária, as regras institucionais não são aplicáveis aos cidadãos da mesma maneira. É doloroso, ainda hoje, abrir um jornal e ler que os responsáveis pela chacina de Eldorado dos Carajás, onde 19 trabalhadores rurais sem-terra foram assassinados, foram absolvidos no primeiro julgamento. É cruel, e envergonha a Nação brasileira.

Por tudo que vivi até hoje, jamais serei partidária do estado de exceção. Ditadura não pode haver. A democracia é imprescindível para a Nação brasileira. Pelo que pude apreender na luta pela democratização do país, acho que, hoje, quanto mais nos organizamos como sociedade, mais poderemos acrescentar à nossa população.

Sonho com o dia em que alguém no Brasil refletirá sobre uma matéria muito antiga nos jornais, onde se assassinavam trabalhadores e não havia punição, e se surpreenderá que esse e outros crimes contra a humanidade pudessem ter sido cometidos impunemente.

MEMÓRIAS DA RESISTÊNCIA

HELONEIDA STUDART

NÃO ME LEMBRO DO PROGRAMA a que eu estava assistindo na TV, mas me recordo que segurava meu filho caçula no colo quando um apresentador apareceu, triunfalmente, na telinha, anunciando a queda do Presidente João Goulart e a volta do País "aos quadros constitucionais vigentes".

O menino tinha adormecido, e levei-o para a cama. Só então notei que estava com o rosto molhado de lágrimas. Creio que chorava pelas reformas de base perdidas. Pelo jovem presidente, já a caminho do exílio, e a quem nós — sindicalistas, socialistas e intelectuais de esquerda — tínhamos imposto propostas que talvez nem fosse as dele. Pelos companheiros de ideias e de reivindicações que, a partir daquele 1º de abril, seriam perseguidos, cassados uns e caçados outros, como feras, e mortos na tortura. Talvez chorasse um pouco de mim, vice-presidente de um sindicato combativo, presidido por um comunista notório, o professor José Candido Filho, homem de grande inteligência e coragem pessoal, amigo de Hércules Correa, que dirigia a Central Única dos Trabalhadores (CGT) conterrâneo de Luís Inácio Maranhão (mais tarde chacinado nos porões do DOI-CODI), de Djalma Maranhão e Moacir de Goes.

Chorava um pouco por mim, porque sabia que, mesmo sendo mulher e mãe de seis crianças, eu não me afastaria da luta sindical e da luta política. Pelo contrário, ampliei as frentes de atuação. Já em 1964, era proibido dirigente de uma categoria se reunir com dirigente de categoria diferenciada. Professor só podia se reunir com professor, médico com médico, petroleiro com petroleiro. Mas no meu Sindicato de Entidades Culturais, que tinha sede na Cinelândia, num quarto andar por cima do Bar Amarelinho, nós descumpríamos a lei militar e reuníamos dirigentes dos mais diferentes sindicatos. O professor José Saldanha (um santo ateu), presidente do Sindicato dos Professores, sempre estava conosco. E mais uma vez Aluísio Palhano, dos Bancários, compareceu às reuniões. Ali articulamos o primeiro ato público dos sindicatos contra o arrocho salarial. Vez em quando, um de nós descia pelo elevador para ver quantos policiais nos vigiavam. Vez em quando eu ia à sala vizinha à das discussões, para verificar se o menino menor estava tomando a mamadeira e o outro brincando de colorir nos papéis timbrados do sindicato (os mais velhos ficavam em casa, fazendo os deveres escolares). Em 1966, em casa, Zé Cândido me chamou e disse que eu tinha de ser eleita presidente do sindicato. Ele estava, como dizia, "muito queimado". Com uma mulher na liderança e uma mulher sem ficha no DOPS, talvez o sindicato escapasse da intervenção que já tinha ferido mortalmente tantos outros. Não queria me esconder o perigo: "você pode ser presa. Você pode ser morta. É pegar ou largar a luta".

Não larguei. À noite me perguntei se aquilo era coragem ou sedução pela morte (eu já andava apaixonada por Freud). Na presidência do Sindicato, fiz parte de todas as lutas dos trabalhadores. Em 1969, surgiu o AI-5, e o ministro do Trabalho, Jarbas Passarinho, cassou dos seus postos os 100 líderes sindicais mais combativos do país. Eu era um deles. Recebi o comunicado da minha destituição num dia (o ofício era simples, dizia, "com base no AI-5, fica V. Sa. Destituída etc.") e fui presa no outro. Era um dia de março belíssimo, eu estava em casa, uma casa de quintal na Usina da Tijuca, batendo um bolo de chocolate. Os agentes eram três, um gordinho, educado, constrangidíssimo, e dois energúmenos, que se comportavam como se estivessem estourando uma base terrorista. Um deles pegou com ar vitorioso o livro "A mulher pobre", de Leon Blay, que tinha capa vermelha, e disse: "já achei o primeiro livro subversivo". Presa na presença das crianças, tentei explicar aos menores que estava indo para o trabalho com aqueles funcionários para assinar alguns papéis. Fiz sinal ao menino mais velho para recolher a minha pequena agenda largada numa mesinha de telefone (quando eles capturavam a agenda, prendiam todas as pessoas relacionadas, como aconteceu com o ator Cláudio Marzo, cujo nome estava escrito na agenda de um amigo). O menino mais velho desceu as escadas da casa ao meu lado e me lançou um longo olhar quando entrei no camburão. Esse olhar envenenou a vida do agente gordinho que, 30 anos mais tarde, transformado em juiz, me procurou no meu gabinete da Assembleia Legislativa para falar do seu sentimento ("Eu só queria que meu filho pequeno não soubesse o que eu tinha feito ao seu").

Nos dias incomunicáveis que fiquei no presídio São Judas Tadeu, da rua da Relação, duas coisas me impressionaram: a bravura de um taxista do Partidão, José Rodrigues, que todas as noites era torturado da meia-noite às 4 da manhã, na cela chamada Ratão, e que nunca entregou ninguém. E impressionou-me a história de Damiana, presidiária condenada por ter furtado um vestido da patroa e que chorou e definhou tanto por estar separada do seu nenê de colo, que o diretor do presídio conseguiu a permissão para a criança ficar no presídio com a condição de não chorar. O episódio me inspirou um "Caso Verdade", intitulado "Quero meu filho", que foi ao ar na Globo, com muito sucesso. Libertada por pressão do outro Geisel, também general e sócio do meu tio, brigadeiro Airton Studart, voltei imediatamente à luta política. Fui ao Congresso Internacional da Mulher, na Finlândia, de onde voltei com a certeza de que não bastava teorizar o movimento feminista, ou ler Simone de Beauvoir e fazer conferências. Era preciso organizar um movimento de mulheres que fizesse algum tipo de revolução de gênero, mudando as cabeças feministas submissas e os códigos e hábitos retrógrados.

Foi justamente no colo das mulheres que nasceu o movimento pela anistia. Eu tinha passado um ano desempregada depois de destituída do sindicato e demitida do emprego. Estava na lista negra dos jornalistas que ninguém devia contratar. Quem desobedeceu à lista foi Adolpho Bloch, a pedido de Raimundo Magalhães Júnior. Fui ser redatora da "Manchete" em 1970, e ali recebi a visita de uma senhora paulista, toda ruborizada e trêmula ("Eles me seguiram até aqui"). Era Terezinha Zerbini com o manifesto de mulheres pela anistia que, naquele momento, só tinha a assinatura dela. Acrescentei a minha, achando que podia perder tudo de novo (trabalho e liberdade). Foi na "Manchete" que começou e cresceu minha amizade com Zuzu Angel, de quem me tornei confidente. Em nossos encontros, ela me disse algumas frases definitivas: "Helô, não sou uma mulher política, só sou uma mãe desesperada". E também: "Eles me ameaçam pelo telefone, mas não desisto de procurar meu filho, porque útero vale mais do que colhão". Sua incomensurável dor (nas últimas semanas de sua vida, era difícil encarar seus olhos trágicos) está palidamente descrita no meu romance "O estandarte da agonia" (Editora Nova Fronteira). Fiz parte de todas as manifestações pela anistia. Numa delas se iniciou a minha amizade com o advogado Marcelo Cerqueira. Atacada pelas bombas de gás lacrimogêneo, subi cambaleando as escadas da Câmara dos Vereadores e vi aquele manifestante moreno vindo em minha direção. Disse-lhe: "Não me deixe desmaiar na presença dos gorilas".

Ele me chegou ao nariz um lenço com amônia, pude continuar de pé, e ficamos amigos para sempre, fizemos campanha juntos para deputados em 1978 e nos elegemos. Marcelinho foi o melhor deputado federal que o velho MDB teve de 1978 a 1982 (quem me fez essa afirmação foi Tancredo Neves, num 1º de maio, ainda no tempo da ditadura).

Dos anos de chumbo, guardo memória viva e permanente. Para que os esquecidos não esquecessem ainda mais, escrevi uma trilogia de romances sobre aquela época: "O pardal é um pássaro azul" (Civilização Brasileira), "O estandarte da agonia" (Nova Fronteira), "O torturador em romaria" (Rocco). Às vezes, numa esquina, julgo que vou encontrar Luís Inácio Maranhão Filho, que morreu na tortura e a quem eu costumava dizer: "É preciso não deixar que os piores homens matem os melhores".

Luís Inácio que já tinha sido torturado em 1964 e no governo de Dutra, costumava dizer: "Se eu encontrar um dos meus torturadores não vou querer lhe dar um piparote, porque não se deve dar o troco na moeda do fascismo. Mas não se deve esquecer, não se pode esquecer, é proibido esquecer".

Nos meus quatro mandatos de deputada estadual (PT), não tenho deixado que esqueçam. Luto pelos trabalhadores, pelas mulheres, pelos excluídos, com o entusiasmo do meu parente, Antônio Marques Bezerra de Menezes, ministro da Guerra da Confederação do Equador e que, condenado à morte pela Coroa, disse: "Não mudo de lado, não troco de bandeira e não quero outra causa".

Nem eu.

PRISÃO EM DOSE DUPLA

FREI BETTO

"LEVANTEM, MÃOS NA CABEÇA!". Ouvi os gritos nervosos e vislumbrei, entre os olhos sonolentos, duas metralhadoras empunhadas por homens de terno e gravata. Por um segundo, antes de ressoar mais um grito, imaginei que fosse um pesadelo. Eram seis horas da manhã de sábado, 6 de junho de 1964.

A brisa fria entrava pela janela aberta do apartamento de nono andar da rua das Laranjeiras, esquina com Pereira da Silva, no Rio. Éramos uns oito jovens da equipes de coordenação nacional da Juventude Estudantil Católica (JEC) e da Juventude Universitária Católica (JUC). Morávamos por conta da CNBB, graças especialmente ao apoio de dom Hélder Câmara, seu secretário-geral e bispo auxiliar da Arquidiocese. Vivíamos de maneira modesta, alimentados por doações do Banco da Providência, empoleirados nos beliches insuficientes ao trânsito constante de secundaristas e universitários que passavam pelo Rio. O apartamento, precariamente mobiliado, servia de acampamento aos militantes da Ação Católica oriundos de outros estados, especialmente aos que chegavam para participar de atividades na Praia do Flamengo 132: sede da UNE e da UBES.

Meu simpático entrou em distúrbio. Uma tremedeira incontida apossou-se do meu corpo. As pernas bambas demoraram para chegar do quarto à sala. Encostados à parede, mãos na cabeça, assistimos ao vandalismo dos homens do Centro de Informações da Marinha (Cenimar). Todas as estantes foram varridas pelo cano de suas armas, livros e papéis atirados ao chão, armários esvaziados à procura de planos subversivos. Na agressividade deles, era notório o medo que também sentiam. No mínimo consideravam todo aquele material um álibi para encobrir nossa infiltração comunista na Igreja.

Fomos todos conduzidos ao Arsenal de Marinha. No quinto pavimento, a sede do Cenimar já se encontrava repleta de pessoas conhecidas. Só então soubemos que, naquela madrugada, os agentes da Marinha haviam vasculhado o rio em busca de todos os que, segundo suas informações, pertenciam à Ação Popular.

Essa organização política nascera em Belo Horizonte, na casa de José Alberto da Fonseca, por iniciativa dos militantes da JUC, no início dos anos 1960. Em seus primórdios, apresentara-se como uma alternativa entre o capitalismo e o comunismo. Chegara a editar um periódico mensal sob o mesmo nome do movimento.

Como Ação Católica atuava por mandato direto dos bispos — o que limitava a inserção de seus militantes na política, já que a hierarquia eclesiástica não podia responder pelas opções partidárias e ideológicas que eles assumiam — a Ação Popular surgiu como o instrumento independente adequado à atividade política.

Às vésperas do golpe militar, a AP começou a superar sua origem reformista, aprofundando-se sempre mais na teoria marxista e abandonando a ideia de que a fé cristã é matriz de uma filosofia da história. No governo João Goulart, alguns de seus dirigentes ocupavam postos importantes, principalmente no Ministério da Educação, cujo chefe de gabinete do ministro Paulo de Tarso Santos era o Betinho (Herbert José de Souza).

Após o golpe, a AP passou à clandestinidade, e seus militantes ficaram na mira dos órgãos de segurança.

"O peixe caiu na rede", disse o comandante com sarcástica satisfação quando fui introduzido na sala de interrogatório. A tremedeira passara, mas eu me sentia muito inseguro. Ouvira casos de prisioneiros torturados e temia que o mesmo fosse ocorrer comigo. Cinco oficiais do Cenimar flecharam-me com os olhos. Uma oração difusa, angustiada, minava o meu espírito, tranquilizando-o. A cabeça, porém, era uma caldeira elevada à máxima pressão. Pesava uma tonelada.

"Não é um peixe qualquer, comandante. É um peixão", alertou um dos agentes.

Imaginei que a importância fosse atribuída à minha função de dirigente nacional da JEC. Para eles, não havia diferença entre Ação Católica e Ação Popular. Eram gatos do mesmo saco. De fato, eu me afinava ideologicamente com a AP, mas não chegara a me inscrever nos seus quadros. Recomendação explícita dos bispos dizia que dirigentes da Ação Católica não deveriam filiar-se a movimentos ou partidos políticos. Esse critério levaria muitos jovens de minha geração a um dualismo que, em princípio, não deveria existir: os que optavam pela política se afastavam da Igreja.

O interrogatório

— Então, Betinho, onde estão os outros dirigentes da AP? Indagou o comandante.

Nunca fui tratado por esse diminutivo. Percebi logo que, como já ocorrera em outras ocasiões, me confundiram com o Betinho, que fora um dos fundadores da AP e mais tarde seria conhecido também como "irmão do Henfil" e articulador do movimento Ação Cidadania.

O senhor está me confundindo. Não sou o Betinho — respondi aliviado.

A mão pesada do policial subiu em direção ao teto, fez uma curva no ar e desceu violenta sobre o meu rosto.

Filho da puta! Como não é o Betinho? Você não é de Belo Horizonte?

Sou.

Não é da JUC?

Não, da JEC.

E qual a diferença, seu veado? Só falta dizer que não é da AP! Quer levar umas porradas para refrescar a memória?

Posso explicar tudo.

Então explique — interferiu o comandante, cumprindo o papel de interrogador "bonzinho".

Apesar da dor de cabeça e da ardência que me queimava a face esquerda consegui convencê-los de que eu não era a pessoa a quem procuravam. Betinho e eu éramos amigos de Belo Horizonte, mas, no Rio, poucas vezes nos vimos. E eu não fazia a menor ideia de como ele poderia ser encontrado.

Pelos corredores do Cenimar, reconheci diversas pessoas, mas todas evitavam se olhar para não despertarem a atenção dos agentes. Uma sensação de derrota. Nosso castelo de sonhos libertários ali estava desabado, reduzido a meia centena de universitários amedrontados, sufocados pelo imponderável, olhos dilatados frente ao imprevisível, como sonâmbulos perdidos pelos sinistros porões da história.

Serviram-nos almoço numa ampla sala improvisada na mais completa biblioteca de literatura marxista que jamais vi. Certamente livros apreendidos pelos agentes da Marinha. Arriscamos um diálogo breve entre os prisioneiros, dito entre dentes, em torno de detalhes fortuitos, como o horário em que cada um foi apanhado ou quanto tempo se levaria para ler todos aqueles livros.

Os sussurros cessaram quando foi introduzido um homem na sala um pouco mais velho do que nós, rosto bem-barbeado, terno escuro, gravata e colarinho brancos. Sua elegância contrastava com os nossos cabelos amarrotados pelo travesseiro, a barba por fazer, as roupas desencontradas, vestidas de qualquer maneira no ato de prisão, os sapatos sem meias ou chinelos nos pés. Pensamos tratar-se de um policial incumbido de nos vigiar. Entretidos com a comida, encerramo-nos em completo silêncio.

Ele tentou puxar conversa, mas, constrangido, recolheu-se perante a nossa indiferença. Só mais tarde soubemos que Chico Whitaker, ex-funcionário do Instituto Nacional de Reforma Agrária e ex-militante da JUC, era prisioneiro como nós. Tivera sorte de ser preso por policiais pacientes, que o esperaram regressar de uma pescaria, tomar banho e vestir-se como se, escoltado, fosse a uma audiência com o ministro da Marinha.

Tratamento especial

— Como os senhores têm curso superior, serão tratados como oficiais — disse-nos o comandante do quartel dos Fuzileiros Navais quando chegamos à ilha de Villegagnon.

O cárcere mais parecia um alojamento. Não tinha grades. No edifício circular, avançado sobre o pátio, o anel de pequenos quartos centrava-se na espaçosa sala que nos servia de copa. Os muros altos impediam ver o mar. Um fuzileiro permanecia de plantão ali dentro, proibido de nos falar ou sequer responder nossas perguntas. Parecia um boneco de cera, impassível, os olhos imóveis sob o capacete branco, as luvas da mesma cor cobrindo as mãos dadas às costas, as pernas rígidas abertas em posição de descanso.

Aos poucos deixamos de nos incomodar com a sua presença e de censurar nossas conversas, como se, além de mudo, fosse ele também surdo. Foi na comida que ficou patente o nosso tratamento "como oficiais": filé com batata palha e pêssego em calda com chantili, servidos por um soldado que, da cintura para cima, se vestia como garçom.

Para nós, toda aquela deferência especial só tinha uma explicação: a tropa dos fuzileiros navais não ficara ainda completamente imune à influência progressista de seu ex-comandante, o almirante Aragão, cassado após o golpe devido ao apoio que dera a João Goulart.

Graças aos esforços de dom Cândido Padim, assistente nacional da Ação Católica Brasileira, e à interferência do Cardeal Dom Jaime de Barros Câmara, arcebispo do Rio, ficamos menos de quarenta e oito horas no quartel e passamos à prisão domiciliar no apartamento em que morávamos. Nesse período, a nossa ligação com o resto do mundo dependia do Padre Eduardo Koiak, assistente nacional da

JEC (em 1999 era bispo de Piracicaba, SP), que diariamente nos visitava, trazia jornais e fazia as compras necessárias.

Quinze dias depois, fomos liberados, com o processo arquivado e algum pedido de desculpas... A Marinha não queria "pescar" em terra sob a maldição do cardeal do Rio.

A segunda prisão

Passei em claro a noite de 8 para 9 de novembro de 1969, em Porto Alegre, gentilmente observado pelos rapazes que se diziam empenhados em contatar o amigo que possuía o apartamento vazio que me serviria de refúgio. "Enfim, o dono do apartamento chegou", pensei quando vi caras novas na mansão da família Chaves Barcellos.

Eram sete horas da manhã de domingo. Dois homens entraram no salão. O de meia-idade, magro, cabelos encaracolados, rosto estrito, esforçava-se por demonstrar simpatia:

Então você é o Frei Betto! Sou o cara que vai te esconder.

O que houve contigo, rapaz?

Também não estou entendendo nada — respondi calmamente. — Andam dizendo aí que sou chefe do terror no Sul, representante do Marighella, responsável pela fuga de terroristas pelas fronteiras da Argentina e o Uruguai.

E não é verdade?

Vim para o sul estudar teologia.

Já que é inocente, por que não se apresenta ao DOPS e esclarece logo as coisas?

A irônica sugestão trouxe-me a certeza aguda: "Esses caras são policiais". Não esbocei nenhuma reação aparente. Apenas acendeu-me a clarividência no espírito. Afundado no sofá de couro, eu tinha as mãos escondidas nos bolsos laterais do blusão. A esquerda segurava a carteira de identidade fria, e a direita, a caderneta de endereços. Procurei ganhar tempo para tentar um recurso ousado: enfiar o material entre o assento e os braços da poltrona:

Não vou ao DOPS porque não estou a fim de ser torturado. Até provar que não sou o elefante que procuram...

Ora, não existem mais torturas no Brasil. O presidente Médici não admite isso — retrucou ele.

Consegui livrar-me da identidade e da caderneta sem que notassem. Talvez estivessem mais nervosos do que eu. O que me dirigia a palavra decidiu encurtar o papo:

Frei Betto, sou o coronel Moreira e esse é o major Attila, do serviço secreto do Exército — disse ele, apontando para seu colega mais jovem, cerca de quarenta anos, cabelos à príncipe Danilo bem-aparado dos lados, rosto redondo, a gordura disfarçada sob a roupa. E acrescentou: — Você vai com a gente. Há tempos eu lera o resultado de uma pesquisa sobre o pânico, feita nos Estados Unidos. Ao contrário do que se pensa, situações catastróficas — como terremoto, incêndio, furacão — induzem a maioria das pessoas a um excepcional autocontrole, que as leva a reagirem inteligentemente, sem perda da razão. Não sei até que ponto isso é verdade. Notícias de catástrofe sempre falam de gente que se queimou, afogou ou foi pisoteada, e quase nunca de quem se salvou. Pode ser que o enfoque jornalístico prefira as lamentáveis exceções, e não a regra.

O fato é que não senti nenhum medo frente ao coronel Renato Moreira e ao major Attila Rohrsetzek — acusado, anos depois, de sequestro, em Porto Alegre, do casal de uruguaios Lilian Celiberti e Universindo Diaz. Talvez eu já tivesse ensaiado essa hipótese mentalmente inúmeras vezes nos últimos dias. E era menos pavoroso ser preso por duas altas patentes que por meia dúzia de investigadores saídos de alguma delegacia de subúrbio. A classe dominante tem seus requintes: um bandido qualificado deve ser apanhado por agentes qualificados. Cada coisa em seu lugar.

O corredor entre o salão e o hall terminava na porta do banheiro. Faltava livrar-me dos pesos e dos dólares. Pedi para usar a privada.

Aqui não, mais tarde — falou o major.

Insisti que queria só urinar. Concederam-me, com a condição de manter a porta aberta. Constrangido sob olhares, não conseguia esvaziar os bolsos e nem a bexiga. Mentalizei uma torrencial cachoeira até que o líquido amarelo, espumante, cessasse de esguichar e fosse tragado pela descarga.

Ao atravessar o hall, percebi que olhos curiosos, amedrontados, me acompanhavam sorrateiros do alto da escada. À porta, estacionado sobre a grama do jardim, o jipão verde-oliva, fechado, dirigido por um soldado da Polícia do Exército.

O rapaz que me buscara no sítio, parado ao lado do motorista, tremia dos pés à cabeça, e o sangue parecia faltar em seu rosto pálido. Talvez se sentisse envergonhado por desempenhar o papel mais hipócrita da cilada. Não sei por que razão, mas despedi-me dele com uma frase insólita, saída ao acaso:

Apesar de tudo, muito obrigado.

Entrei na viatura tentando convencer-me de que, afinal, tortura não é tão insuportável assim.

No DOPS gaúcho

Desembarquei do jipão no interior de um prédio caiado de branco, típica repartição pública. Ali funcionava o DOPS, na avenida Ipiranga. Perdi o coronel de vista, enquanto o major me fazia subir as escadas. No primeiro andar ele abriu a porta de uma sala inteiramente vazia e mandou que eu entrasse. Imaginei que ali eu seria revistado e as moedas estrangeiras encontradas.

Fiquei uns momentos sozinho, até que entrou um carcereiro que seria a figura indicada para o papel de Corcunda de Notre Dame. Baixo, moreno, atarracado, o tronco avançado, os ombros caídos, as pernas arqueadas, o rosto riscado de rugas que davam a impressão de corte de navalha. Vi logo que se tratava de um torturador. Preparei-me para o pior. O medo não me salvaria do encontro com a fatalidade. Ele olhou-me por baixo do cenho carregado e não disse nada. Talvez aguardasse os instrumentos de suplício. Lembrava um toureiro solto na arena, à espera da hora de enfrentar o animal.

Abriu-se dentro de mim um vazio, um imenso vazio, como se a nudez alva da sala tivesse seu reflexo em minh'alma. Rezei agoniado uma oração sem palavras, sem pedidos, sem imagens. Só a certeza de que o Pai sabe de mim. Certeza talhada à ponta da fé, pois, no espírito, havia um profundo oco.

Entraram dois guardas arrastando um rapaz vestido apenas de calção. Desesperado, ele procurava desvencilhar-se das mãos que o seguravam, evitando entrar na sala e clamando "pelo amor de Deus". Deram-lhe um empurrão, e o Corcunda recebeu-o com um chute no estômago, derrubando-o. Juntaram seus pulsos às costas e o algemaram. A vítima, muito magra, pele branca, cabelos anelados caídos à testa, olhos arregalados, gemia e pedia "pelo amor de Deus". Deus fazia silêncio.

A cerimônia macabra ocorria indiferentemente à minha presença. O Corcunda puxou do bolso um rolo de fios de cobre e prendeu-os à mão, na forma de chicote. Virou-se para mim e falou com sua voz rouca, cavernosa:

Vá tirando a roupa que em seguida é você.

Passaram a lanhar o corpo do rapaz. Seu corpo rodopiava saltitando entre o trio de algozes, a pele abriu-se em finos e alongados vergalhões vermelhos. Gritando, ele chorava aos pulmões, manchando de sangue as mãos que tentavam segurá-lo. Fiquei apenas de cuecas. O rapaz caiu. A chibata de fios continuou a cortá-lo. A dor abafava seus gritos: gemia e estrebuchava. Às vezes havia uma trégua. Os torturadores viam-no arrastar-se para o canto da sala, em busca de uma proteção inexistente, fitavam-me, olhavam entre si e recomeçavam o diabólico ritual. Nada diziam ou perguntavam.

Deve ter durado meia hora. Pareceu-me que o rapaz, ensanguentado, não sobreviveria aos ferimentos. De seus lábios perdidos entre cortes que esquadrinhavam seu rosto, ouvia-se um sussurro aflito, como se a vida se apagasse em sua voz. Entrou um policial e mandou que eu vestisse a roupa, ignorando a presença dos demais que o olhavam com respeito.

Magro, moreno, rosto fino, o delegado Firmino Perez Rodrigues não tinha ainda 40 anos. Era o diretor do DOPS. Mandou que eu o acompanhasse e recolhessem o rapaz à cela. Mais tarde eu saberia que se tratava de um preso comum escolhido ao acaso para que me "amaciassem". Jamais soube o seu nome. Guardei-lhe o perfil e o sofrimento involuntário por minha causa, convicto de que seu sangue aumentou em mim a sede de justiça.

Esse havia sido o método para intimidar-me, pois a repressão gaúcha não se sentia em condições políticas de torturar-me fisicamente, devido às boas relações entre os governos do estado e da Igreja. No entanto, eu demoraria a descobrir esse detalhe tão importante. No decorrer dos interrogatórios, aguardei sempre os momentos de tortura física.

O gabinete do diretor do DOPS ocupava ampla sala, cujas vidraças, cobertas por cortinas creme, davam para o canal da avenida Ipiranga. Ao centro, estofados em tecido branco circundavam a pequena mesa de vidro com cinzeiros. A pesada mesa, em madeira escura, ficava ao fundo, à frente de hierática cadeira de braços, com o encosto revestido em couro e alongado na vertical. Sentei-me numa das poltronas brancas perante o delegado e o major.

Conduzido por eles, o primeiro interrogatório foi sob ameaças de regressar à sala vazia e merecer o mesmo tratamento dado ao rapaz. Começaram por acusar-me como responsável por todas as ações armadas e políticas ocorridas no Rio Grande do Sul no último ano. Era eu o "líder", o "cabeça", o "cérebro", o "dirigente" e outras expressões tão ao gosto da vaidade humana. Não queriam propriamente despejar sobre meus ombros tudo aquilo que não conseguiram apurar. Tratava-se de técnica aprendida em cursos policiais, sobre a qual eu já lera em autores do gênero: "Valorize o prisioneiro, e ele acabará assumindo as acusações mais pesadas para fazer jus à promoção de sua imagem". Quando terminaram o elenco de assaltos a bancos, roubos a carro, desvios de dinamite, ameaças de sequestro e panfletagens, o Dr. Firmino disse-me com sua voz fanhosa:

É claro que você não faz tudo isso sozinho. Diga-nos agora quem são seus companheiros no Rio Grande do Sul. Como funciona o esquema de fronteira, quem passou por suas mãos, quem auxiliou nesse trabalho.

Durante o período entre a fuga do seminário e o momento da prisão, eu lera nos jornais muitas informações que eles tinham a meu respeito. Procurei economizá-las, de modo a "abri-las" no momento adequado, quando eu precisasse comprovar a veracidade de meu depoimento. E por mais que insistissem — o que se alongaria por meses —, era verdade que o esquema de fronteira dependera de mim. Não havia como inventar nomes de supostos companheiros. Mas eles sabiam da ajuda que eu recebera de padre Manuel Valiente e de monsenhor Marcelo Carvalheira, hoje arcebispo da Paraíba.

Após uma hora de interrogatório, no qual expliquei a minha ida para o Sul e a tradição da Igreja no auxílio aos refugiados, fui levado à cela. Era um tabique de madeira erguido junto à parede de um corredor, como em pensões de má qualidade. A cama, coberta pelo colchão de crina, ficava sob o basculante.

Deixaram-me a sós o suficiente para limpar a sacola e os bolsos. O que fazer com aquelas notas de pesos e de dólares? Piquei-as em pedacinhos, abri um orifício no chão e misturei-os à crina. Aliviado, deitei por cima, sem a menor ideia de que só retornaria à liberdade quatro anos e oito cárceres depois, em outubro de 1973.

UMA LONGA VIAGEM

IRLES DE CARVALHO

ESCREVER ESTE TEXTO é tão importante quanto difícil, exatamente pelas mesmas razões: porque tanto tempo já se passou, e tantas coisas mudaram, até em nossas vidas pessoais, e porque aqueles tempos foram tão duros e tão mal compreendidos. E, principalmente, porque o povo brasileiro, a maioria do povo brasileiro até hoje não sabe o que foram aqueles tempos, como e porque nós vivemos aqueles tempos, como militantes e como pessoas.

Para mim e para meu filho Daniel, foram 15 anos — de 1964 a 1979 — desde o dia em que saí do Rio até nossa volta, depois da anistia. São muitas histórias para contar num espaço muito pequeno, por isso escolhi uma viagem, a que nos levou de São Paulo a Santiago do Chile, e que durou 28 dias. Além da passagem que ela representou, e do círculo que ela fechou, abrindo outro, acredito que ela pode mostrar o que vivíamos, silenciosamente, com nossos filhos, sob a repressão da ditadura. Não é uma história de violência e sofrimento físico, como tantos companheiros sofreram: eu fui presa em 1966 e nunca fui torturada.

Também não é uma história de agonia, derrota e morte, e sim o contrário: nossas vidas foram o prêmio pela nossa vitória, pois essa viagem teve um final feliz.

Durante aqueles 28 dias, assim como em todo o meu tempo de militância, mesmo quando a guerra estava perdida, eu era uma guerreira, jamais uma vítima. Talvez por haver começado essa militância antes do golpe, eu sabia que cada dia significava um passo numa direção que, a partir de determinado momento, não havia mais volta. Não, eu não tinha consciência do que enfrentaríamos depois de 1969, mas certamente não teria desistido se soubesse. Pois, para isso éramos jovens, poetas e loucos, fascinados com uma imagem do que o Brasil poderia e ainda pode! — ser. A ditadura interpôs-se entre nós e nosso sonho, e cobrou o que quis, porque tinha a força bruta para isso. Eu e tantos outros pagamos o preço pelas ideias e pelas ações que atemorizavam nossos militares e os amigos deles.

É interessante observar que Pinochet está quase morto, mas aquelas ideias estão vivas no mundo inteiro, e acredito que sempre estarão. Nesse momento não me refiro a Marx, Lenin, Mao ou Fidel, que representam os caminhos e não os objetivos. Eu me refiro à ideia da Justiça, da Igualdade entre as pessoas e os povos.

Acredito que a Humanidade quer crescer, material e espiritualmente, quer ver o futuro ser mais bonito, quer ser feliz, como no fim de um filme de Chaplin. O que pensávamos, fazíamos e vivíamos, até nossas mortes, eram os passos milimétricos que algumas pessoas davam, nesse país e naquele tempo, no sentido de alcançar esses objetivos.

Eu vivi aquele tempo, o meu tempo, e sinto um imenso orgulho disso.

Sei que fizemos o melhor que podíamos, e isso não era muito, e o preço foi muito alto. No entanto, ninguém quis com tanta força um futuro melhor para o Brasil, do que aquela geração que infelizmente, não deixou herdeiros.

Eu viveria tudo de novo, certamente de outras formas. Pelos mesmos objetivos, que parecem mais distantes ainda, assim como as pessoas parecem mais infelizes do que nunca. Apesar da globalização que, dizem, nos salvará.

Trinta anos depois desta viagem, eu agradeço a Deus por estar viva, agradeço aos companheiros e aos amigos, vivos e mortos, que compartilharam aqueles tempos comigo, e ao povo brasileiro, que sempre me inspirou, por ter as mãos limpas, a coragem para resistir e caminhar, e um inexplicável sorriso sempre pronto para saudar a alegria... que virá!

Eu acordava sempre muito cedo, ouvia os pássaros e os caminhões, engrenando a marcha para iniciar a subida da rua Angélica. O silêncio e a chegada da luz traziam sempre uma dose de alegria, de reafirmação da vida, e disso eu me alimentava, escapando, a cada dia, de todas as mortes que me rondavam. Naquelas madrugadas, eu pensava e repensava o que fazer, buscando um caminho que não fosse o da fuga.

Além dos ruídos da rua, eu escutava a respiração de Daniel, 5 anos, meu filho e meu pequeno amigo, companheiro nas casas abandonadas, nas viagens clandestinas, e nas fugas. Logo ele também não iria mais querer fugir, quando entendesse que nossas andanças não eram passeios mirabolantes como eu contava, fazendo gestos e ruídos, fantasiando o feio e inventando o bonito para que ele sorrisse, e aquela sombra desaparecesse do seu olhar, que me pedia uma resposta, agudamente. Minhas histórias tinham cachorros, gatos, aviões, sorvetes, os avós, a praia, tudo que nós iríamos encontrar, no fim da viagem, e mais as coisas que eu pudesse contar, sem revelar os lugares para onde iríamos.

Aos poucos, eu aceitava que teríamos que ir para o Chile. Mas eu não queria, tinha saudades do Rio e da casa de meu pai, que simbolizavam uma liberdade há muito tempo inatingível, como se estivessem — minha cidade e minha família — em outro planeta. Além disso, cada viagem clandestina significava mais confissões a fazer à polícia, se nos pegassem, significava mais tempo e mais motivo, mais assunto para as sessões de tortura.

E, acima de tudo, quem — que tivesse vivido e compreendido a essência das ditaduras latino-americanas — acreditaria que o Chile seria, por muito tempo, *el abrigo contra la opresión*?. Eu não acreditava, e sabia que, apesar da consciência, da energia e da maravilhosa experiência que o povo chileno estava atravessando, a esquerda chilena — ou qualquer outra não seria capaz de sobreviver à oposição insidiosa e violenta da direita em pé de guerra, desde o primeiro momento do governo Allende, cercando o Chile, de dentro e de fora, aquela feroz direita latino-americana, bem nutrida pelas bênçãos, pelas intrigas e pela enxurrada de dinheiro dos americanos. Não era difícil prever o momento em que eles surgiriam diante de nós, de novo: os militares, os dedos-duros e os torturadores.

No entanto... para aonde ir? Não tínhamos passaportes legais e não conseguiríamos os falsos, quando quase nada mais restava da nossa organização, nem das bases, nem das direções. Somente os países do Cone Sul não exigiam passaportes, e somente o Chile não era uma ditadura.

A decisão da minha organização, a Ação Popular, era a de que eu saísse já, com o Daniel, e que não contasse com muita ajuda nem apoio para a viagem, não havia mais estrutura para isso. Pedi um documento, os meus já não serviam, e informações sobre os pontos de saída nas fronteiras.

Sozinha e confusa, eu tentava tomar minhas decisões, sabendo que delas dependiam minha vida e a do Daniel. Tudo naquele momento era imenso, maior do que eu: certezas e dúvidas, coragem e medo, razão e emoção, e agora a consciência, fria e espessa como uma névoa que se impunha, transformando a frágil realidade na qual eu e tantos outros havíamos vivido nos últimos anos: nós havíamos perdido aquela batalha. E tudo, toda a energia, os sonhos, o amor e os imensos sacrifícios tinham sido engolidos pela força bruta, pelo poder da violência pura, da crueldade, do assassinato.

Tudo estava errado, e me espantava o silêncio do mundo.

Ninguém ouvia, via, ou falava nada.

Naquelas madrugadas, eu lembrava os mortos, os que estavam presos, os torturados, os poucos que ainda lutavam. Lembrava nosso trabalho nos bairros operários, os rostos dos companheiros, das companheiras, dos vizinhos, os jovens e os velhos, as crianças! Sorrisos, lágrimas, a dor e a generosidade — até a inacreditável alegria! — da vida dos que não têm nada a perder, e vivem de coragem e dignidade.

Eu sentia, então, uma grande dor no peito, tristeza e raiva, porque ali estavam os dias em que eu vivi pelo que eu acreditava: que a comida de cada um seria melhor se todos comessem, a casa de cada um seria mais alegre se todos tivessem casa, e a vida, a vida seria mais feliz, se todos se sentissem felizes por estar vivos.

Muitos, antes de mim, transformaram esses sentimentos em teorias, programas e discursos, mas, na verdade, eu sentia — e ainda sinto — que Justiça, Solidariedade, Fraternidade, Igualdade são, na verdade, os componentes da Harmonia de que os indivíduos necessitam, mas não podem obter em sociedades tão irracionais, tão feias, tão atrasadas e tão doentes como as nossas — naquele tempo tanto quanto agora.

A certeza da derrota era difícil de aceitar, era o fim de um sonho vivido, durante vários anos, com poucas alegrias e pequenas vitórias, mas com a certeza da coerência. Tudo foi tão grande, e tão pequeno! Mergulháramos tão fundo, nem podíamos mais respirar, e, no entanto, não havíamos movido sequer a superfície daquele imenso mar. O que restara, para os que ainda estavam vivos? Diante dos meus olhos, eu via o bairro operário, as pessoas caminhando, a estação do trem fervilhando às 6 da manhã, as tardes quietas, as noites curtas e o silêncio dos domingos, quebrado somente por sinos, músicas e gritos de gol. Não, nada havia sido tocado pela nossa presença, e no entanto... como os profetas que anunciam outras vidas, nós tínhamos nas mãos e nas palavras uma verdade brilhante — muito maior que nós mesmos —, que era necessária como água para os que nos ouviam e assustadora para a máquina de morte que foi criada para nos "deter", nos matar.

Gastei algum tempo mergulhada nas minhas dúvidas, com medo de ficar, com medo de ir embora. Era o fim de 1971, meu casamento que começou em 1964 havia terminado um ano antes. Minha mãe havia morrido, e eu não pude ir ao enterro porque a polícia estava lá e prenderam meu irmão, que tinha 15 anos. Meu pai, velho comunista, me pedia que não deixasse que "eles" nos matassem.

> "Querida filha,
>
> Recebi sua cartinha. Não se preocupe comigo, vá embora, leve meu neto. Um dia, você volta, eu sei que vocês voltam, porque eles não vão durar eternamente. Foi assim antes, você sabe. Estes aí são piores, mas vão desaparecer também.
>
> Conte comigo, um beijo para você e o Daniel. Do seu pai e amigo de sempre,
>
> Onélio"

Uma certidão de nascimento fria. Dela sairia tudo o mais, inclusive para o Daniel. Eu não queria que ele fosse registrado de novo por nenhum companheiro, que seria preso se nós fôssemos apanhados durante o caminho. O pai dele já havia saído do Brasil, e eu me tornara — de fato — uma orgulhosa mãe solteira.

Decretaram minha prisão preventiva, lá estava meu nome (que é ruim para aprender, e pior para esquecer) com todas as letras, nos jornais. Meu advogado, apesar da coragem (eram poucos, na época!), tinha apenas fiapos da lei em que apoiar-se e sabia, como todos, que a Justiça terminava quando a polícia ou a OBAN chegavam para buscar as confissões. A partir daí, nem as sentenças, nem as defesas me livrariam da prisão na porta do tribunal, nem do que viria depois.

O Dr. João Carlos Dias tinha aquela maravilhosa objetividade paulista, olhava e escutava minha história atentamente, acho que entendeu minha confusão e concordou com meu "plano" desesperado: vou para o Chile, fico lá algum tempo, depois volto para "encarar a situação". Assim ficamos combinados, fizemos que acreditamos no combinado, e eu, tendo salvado o que restava de liberdade de querer, comecei a preparar nossa ida para o Chile.

Criei a história para contar ao Daniel: uma tia que morava em Buenos Aires, uma estrada enorme, cavalos e emas, carne na brasa, e no final, o pai, os sorvetes, e um cachorro. "Lá também tem muitos soldados, mãe?", "Tem, mas lá eles não nos conhecem." Fiz o Chile parecer-se com a Argentina, os olhos dele estavam contentes, e eu sabia que, apesar das tristezas e dos generais, nós iríamos continuar vivos. Mais difícil era explicar a terceira mudança do meu nome. Mas, se tudo desse certo, no Chile ele iria aprender, pela primeira vez e para sempre, o meu verdadeiro nome.

Paulo Wright trouxe a certidão, não entrou, só teve tempo de me olhar com aqueles olhos claros e mansos, e sorrir meio de lado, com a ironia que todos usávamos para fingir que controlávamos nossa situação:

— Bom dia, companheira! Está na hora de ensinar ao Daniel seu novo nome e ir embora, depressa! Avise assim que sair de São Paulo. A situação é muito grave. Eu? Não sei quando vou, breve, se possível, há coisas a terminar.

Sorriu de novo, pensei que talvez nunca mais o visse, senti vontade de chorar, mas sorri também: quando você chegar, vou preparar as almôndegas que você comia lá em casa, em Perdizes, lembra? — Ele enrubesceu como sempre fazia, e me olhou de novo, os olhos alegres: faça o que for preciso, e vá embora, companheira, e tenha cuidado. Você precisa chegar lá, vai ser bom para o Daniel.

Nunca mais o vi, ele morreu torturado algum tempo depois, é um dos desaparecidos. Paulo Wright, companheiro Antonio, um "alemão" grande, gentil, tímido e teimoso. Quando eu o vi na porta não queria pensar na morte dele, mas senti que ela já estava ali, seguiu com ele, pelo corredor do edifício, como uma sombra.

Com essa certidão, consegui o título de eleitor e a carteira de identidade, falsas, mas legais. Fui ao Juizado de Menores, registrar Daniel como filho de mãe solteira, e pedi ao juiz, "na falta do pai" uma autorização para que meu filho, sendo menor, saísse do Brasil. Tive que escutar, fazendo cara de boba, o discurso insensível do juiz, numa sala cheia de gente:

— Vocês mulheres são muito burras, pensam que são cinderelas, esperar 5 anos para registrar um filho! A senhora poderia ser presa por isso, sabia? Estava esperando o quê? Que o seu namorado voltasse para registrar a criança? Que ingenuidade! Ele continuava a falar, assinou e empurrou os papéis para mim, com desprezo, o queixo levantado por causa da raiva e dos óculos bifocais.

Saí de lá feliz da vida, e sentindo pena daquele juiz, incapaz de compreender os corações maternos e romantismo feminino, coisas viscerais que não se resolvem com carimbadas.

Agora faltava apenas a carteira de identidade do Daniel. Para isso, voltamos ao mesmo lugar sinistro, perto do centro de São Paulo, onde tirei minha identidade. Desta vez o Daniel foi junto, para imprimir as digitais, eu sentia muito mais medo, o que eu faria se pegassem meu filho? O prédio tinha um pátio e colunas, ouvi chamarem meu nome falso em voz alta, era difícil caminhar e sorrir, disfarçar o medo, falar: ele precisa da identidade porque vamos para a Argentina, visitar uma tia, passar o Natal lá.

Mas esse menino não tem pai? Foi a senhora que registrou?

Meu discurso estava afiado, o homem olhava para mim e para Daniel, buscando uma palavra fora do lugar. Expliquei que eu era mãe solteira, ouvi mais umas piadinhas, carimbadas, e eu dava as costas, agradecendo e sorrindo.

Agradeça ao moço, meu filho — o coração na boca. Daniel ofereceu um desenho que tinha feito enquanto esperávamos, aquela mão acariciou a cabeça do meu filho:

Minha filha também gosta de desenhar. — é verdade, eles têm filhos.

"Boa Viagem", "Muito Obrigada", mas não têm, certamente, esses medos.

Saímos, e o sol iluminava a rua, meu vestido claro, as árvores. Tomamos um sorvete, Daniel estava feliz, porque sentia a minha alegria. Quietamente, enquanto conversava com ele, dediquei aquele momento, aquele sorvete, e nossos documentos novos ao general Médici.

Os poucos amigos ajudaram, com palavras de coragem, abraços apertados, companhia, dinheiro. Foram poucos dias, atarefados demais para serem tristes, em que falei com todos, chorei as saudades, e pensei em todos os detalhes do caminho, por mais que soubesse que nessas viagens a sorte vale tanto quanto a previsão, e que a própria sorte, imprevisível, é coisa de Deus.

Eu tinha alguma experiência, desde 1964, quando viajei para o Uruguai, recém-casada, por procuração, com o Betinho. Voltamos ao Brasil em 1965, Daniel nasceu, saímos em 1967 por dois meses, voltamos, saímos de novo em 1968 para Cuba, e, em todas essas idas e voltas, eu cruzava fronteiras pelo sul, por terra, sempre sozinha. Na última vez, quando desci do ônibus na rodoviária de São Paulo, uma bolsa cheia de livros "proibidos", a primeira imagem que vi foi a foto de Marighella, assassinado na véspera, na primeira página dos jornais. Desde então, eu não havia saído do Brasil.

Agora eu iniciava outra viagem clandestina, mas não encontraria contatos nem apoio pelo caminho, até o Chile. E, como nas outras vezes em que eu vivia aquele estado de alerta, sentia que me movia em dois planos, como se houvesse dois tipos de tensão: um o da realidade mesma, as passagens, as estradas, as fronteiras, os cuidados de qualquer viajante. No outro plano, eu tinha me transformado num bicho, instintivo e intuitivo, ouvindo e vendo tudo, ou melhor, percebendo tudo de uma forma involuntária e aguda. Era como se eu incorporasse a minha personagem, meu nome falso e a história que havia criado, enquanto a minha identidade real saltava para o segundo plano, e observava o que a "outra" fazia, de frente para as pessoas. Assim, minha personagem não gaguejava, porque não tinha medo. E, ao mesmo tempo, estando assim imóvel e oculto, meu eu verdadeiro voava, buscava o que vinha pela frente.

Eu sabia que chegaríamos ao Chile, mas sabia também que seria muito difícil.

Saímos de São Paulo numa excursão, e após vários dias de estrada, paisagens de um Brasil novo para Daniel, chegamos ao nosso destino. Paramos lá durante alguns dias, esperamos a excursão voltar para São Paulo e seguimos adiante, para cruzar a fronteira da Argentina.

Descobri então que não tínhamos — e eu não teria ousado pedir — um carimbo que funcionava como um visto, uma autorização, que a polícia teria que nos fornecer para sairmos. No posto da fronteira, o policial me disse que não ia me deixar passar de maneira nenhuma, que eu nem imaginava o que podia acontecer, com ele e conosco, e que eu tinha que voltar a São Paulo, onde haviam emitido nossas identidades, e pedir a tal autorização.

Fui à delegacia da cidadezinha, no meio de uma rua larga, poeirenta e silenciosa. O delegado acreditou em mim — "eu não sabia que precisava do visto, é só uma viagem para encontrar a família, não posso voltar a São Paulo, não tenho nem dinheiro para isso, o senhor não pode ligar para São Paulo, dar o número das nossas identidades? Tenho certeza de que eles vão autorizar, nós só queremos fazer uma viagem para encontrar nossa família...".

Ele movia a cabeça devagar, mas de uma forma obstinada, repetindo "Não posso, minha senhora", e nos dez dias em que permaneci nessa cidade e fui, todos os dias, falar com ele, ouvia a mesma coisa, com variações mais ou menos irritadas.

Durante o dia, eu tentava matar o tempo passeando na cidade, lendo histórias e brincando com o Daniel, mas aquele outro eu estava imóvel, e pensava e pensava sem parar, em como sair daquela situação. Eu agia, na verdade, em obediência a essa segunda voz que me levava àquela delegacia todos os dias, e me fazia repetir o meu pedido de ajuda com toda a sincera angústia que minha personagem sentia. Era como se tudo dependesse da nossa presença naquele lugar.

Eu sentia que minha insistência terminaria por nos denunciar, e não conseguia vislumbrar de onde poderia vir nossa salvação, mas em nenhum momento duvidei de que conseguiríamos atravessar. Estava muito, muito cansada, e já não sabia o que dizer ao Daniel. Lembro da rua principal, ela me assustava, era vazia e desprotegida, batida pelo sol e pelo vento.

No 10º dia, o delegado não estava e eu me sentei, com Daniel ao lado, disposta a esperar. Havia também um senhor que trabalhava na delegacia, e quis saber minha história, parecia que por mera curiosidade, mas depois disse: "Aqui é um fim de mundo, e tudo pode acontecer. Nós vemos as pessoas passando e não sabemos quem são, elas sempre contam histórias, como a senhora".

Naquele momento eu vi um homem alto, botas e chapéu, perto da porta, como se esperasse alguma coisa. Não respondi ao funcionário da delegacia, a sala ficou em silêncio, até que ele se levantou e saiu.

Então o homem de chapéu entrou na sala, aproximou-se de nós e disse, sem sorrir, mas com a voz muito calma: "Qual é o seu hotel, moça? Vá para lá, pegue suas coisas e fique na porta, eu vou levar você e o menino para o outro lado."

Em alguns minutos estávamos dentro de uma caminhonete que atravessou a cidade e uma ponte pequena, sobre um rio que corria no fundo. Passamos o posto da fronteira, ele fez um sinal com a mão, o policial respondeu da mesma forma, sem olhar. Do outro lado havia um pequeno aeroporto, ele parou e disse, sem largar o volante: "Pegue o primeiro avião, não se preocupe com nada. Adeus, menino. Foi uma satisfação, moça".

Nós descemos e eu parei ao lado da porta, tentando agradecer, mas sentindo que não era possível, nem necessário, nem adequado. Dei um passo atrás, o carro foi embora.

Não lembro do rosto nem da voz daquele homem. Na verdade, é como se eu não o tivesse visto, nem ouvido, naqueles minutos em que, contra todas as normas de segurança e com a mais absoluta tranquilidade, aceitei que um estranho nos conduzisse nos salvasse.

Um avião nos levou a Buenos Aires. De lá seguimos de ônibus para Mendoza, perto da fronteira com o Chile.

Mas, pela segunda vez, não podíamos seguir adiante:

Onde está seu visto, senhora? Sua entrada na Argentina? Se a senhora não entrou, como posso permitir que saia? É absolutamente necessário o visto de entrada, e se não lhe deram o visto na fronteira, a senhora tem que ir buscá-lo em Buenos Aires. Nossas fronteiras estão cheias de comunistas depois que esse governo do Allende ganhou no Chile. A senhora pode ser gente boa, mas se eu deixar a senhora passar, ó... — Fez o gesto de cortar a própria garganta, e me deu as costas.

Mendoza era uma linda cidade, no pé da cordilheira. Tinha flores, noites quentes e a presença das enormes montanhas nevadas quase ao alcance da mão. Eu estava ansiosa para partir, subir a montanha e mostrar ao Daniel o lago e os cachorros São Bernardo que guardavam o posto da fronteira em Portillo, lá no alto. Voltar a Buenos Aires parecia um absurdo, mas eu não arriscaria nada, naquela fronteira tão vigiada.

Daniel me olhava, perguntava quando chegaríamos, estava tão cansado quanto eu.

Vamos de avião?

Vamos de ônibus, para ver os cavalos e as emas. Vamos amanhã!

Eu precisava pensar, tomar coragem e a decisão de ir pedir um visto de entrada à Imigração, em Buenos Aires. E se a polícia política estivesse controlando as entradas de Buenos

Aires e suspeitasse de nós, pedisse informações aos brasileiros? Como explicar que não tivéssemos os vistos, e por onde havíamos entrado?

Viajamos de volta a Buenos Aires, e sem saber ainda o que fazer, fomos à Imigração. Quando chegou minha vez, levantei-me sem pensar e falei no meu espanhol mais correto e mais arrogante que eu não compreendia como uma mulher e uma criança cruzam um posto de fronteira e os funcionários argentinos não carimbam nada, e agora eu não posso sair da Argentina, que história é essa, que bagunça, quero falar com quem manda aqui e vai resolver o meu caso, hoje ainda etc. etc.

O funcionário me olhava e achava graça: "Você é brasileira, mas fala bem o espanhol! Onde aprendeu? Não se preocupe, eu lhe dou o visto. Naquela cidade por onde vocês entraram, ninguém sabe trabalhar, por isso mesmo estão lá. Só fazem besteira, e a gente aqui, tem que consertar. Tome seu visto, bem-vinda à Argentina".

Agradeci, gaguejando de espanto e cansaço, Daniel puxou minha roupa, eu lembro de ter olhado pra ele, piscado o olho, descemos as escadas correndo, um táxi e um avião, direto para Santiago.

Chegamos em algumas horas, não vimos os cachorros e o lago, mas vimos as montanhas do alto, eu sentia uma grande calma, como se eu mesma fosse uma delas, e desejei ser: para sempre observando o tempo circular das nossas vidas.

Daniel dormiu, respirava leve, ainda apertando a minha mão.

No fim de 1979, depois do golpe no Chile, e do exílio na Suécia e na Inglaterra, voltamos ao Rio e encontramos pessoas que eu não via há 15 anos, meu pai, irmãos, sobrinhos. Algumas o Daniel nem conhecia. Bia, que tinha sido minha babá, me abraçou chorando e me disse que havia rezado muito para que nós voltássemos vivos "e com saúde" e que agora eu devia agradecer a proteção que me acompanhou durante todos aqueles anos.

Eu nunca havia pensado que alguém nos protegia. Deus era algo muito distante e muito vago, eu nunca pensava em termos religiosos, desde os tempos de colégio católico, e nunca tinha tido contato com outras religiões. Expliquei isso, mas ela insistia, queria que eu fosse conhecer uma pessoa especial.

Numa tarde de verão muito quente, fui à roça de Candomblé da Mãe Veríssima. Esperamos sentadas em um banco, embaixo de um caramanchão de pequenas rosas trepadeiras. Havia cachos e cachos de rosas perfumadas, e um grande silêncio.

Pouco a pouco, cresceu dentro de mim uma enorme vontade de chorar, como uma onda que eu não podia conter. Chorei por muito tempo, sem sofrimento, sentindo um grande alívio, uma quase alegria. Vi a Mãe Vivi chegar, alta e forte, e, antes que eu me levantasse, ela de longe me perguntou:

— Está chorando, minha filha?

Concordei com a cabeça, envergonhada, e disse, sem pensar, que ali era tão quieto e tão bom, era como se fosse minha casa.

Então ela sentou-se do meu lado e perguntou se eu lembrava de um homem "alto, branco e de chapéu, num lugar longe, com muita água, numa hora de perigo". Sem fôlego, eu lembrei do homem que nos havia levado para o outro lado da fronteira.

Ela sorriu e disse, sem espanto: "Você não acredita, mas eu lhe digo que eles existem, e hoje você chegou na casa do seu pai. Aquele homem era Xangô, o dono da Justiça. Existem doze Xangôs, o meu é velho, mas o seu é um menino, Xangô Aganjú. Na Igreja dos padres, é João Batista".

As verdades da Mãe Vivi eram sempre tão simples e consistentes como as montanhas de pedra que representam Xangô. Ela também guerreava, guardava e protegia aquela herança de conhecimento herdado de tantas gerações, e queria fazer valer aquele passado, de sofrimento e de dor, agora já transformados nos sons e nas cores dos Orixás.

E eu tive que acreditar, porque eles surgiam na minha frente, trazidos pela fé e pela música. Eu via, maravilhada, os filhos dos escravos, as faxineiras, os operários e as donas-de-casa se tornarem deuses e deusas, os rostos de luz e os movimentos soberanos, da água e do fogo, do vento e da paz.

Por muito tempo, aprendi essas outras coerências do nosso — humano — ser vivo. Aprendi estas dimensões que eu não imaginava existirem, antigas como o tempo, marcadas em nós.

E sob essa luz compreendi que nossas vidas, destinos e caminhos, quase sempre surpreendentes, só são inteligíveis quando compreendemos que nós também representamos as forças da Natureza. E que elas são, sem dúvida, como a lua para as marés, um sopro transparente que nos levanta, nos movimenta e nos guia, tanto quanto as ideias que criamos a partir de nossos cérebros e das sociedades que construímos.

Descobri que devo meu sentido de Justiça a um ser que me inspirou, e é anterior aos livros, às ideias, aos programas partidários. A filha de um negro escravizado me ensinou, depois de tantas estradas, quando voltei a essa terra, e ouvi, cheirei, e enxerguei o milagre.

Aí eu senti que, realmente nós havíamos chegado em casa, nós havíamos voltado ao Brasil.

MOVIMENTO FEMININO PELA ANISTIA E LIBERDADE DEMOCRÁTICA

REGINA SODRÉ

MIL NOVECENTOS E SETENTA E CINCO... plena repressão... as mulheres se lançam à luta. Em São Paulo, a advogada Therezinha Zerbine funda o Movimento Feminino pela Anistia (MFA). No mesmo ano são fundados o núcleo do Rio de Janeiro e, mais tarde, núcleos por todo o Brasil.

Para lançar a campanha no Rio de Janeiro, foi preciso camuflar a palavra anistia, organizando uma mesa-redonda na ABI com o título "A Mulher e a Paz". Foram debatedores: Barbosa Lima Sobrinho, Tristão de Athayde e Rose Marie Muraro, tendo sido chamado à mesa o representante da CNBB. A sala estava repleta.

Nessa noite foi lançado o Manifesto da Mulher Brasileira pela Anistia. Conseguimos, com enorme esforço, nossa primeira vitória: quinze mil assinaturas entregues ao então presidente Geisel. 15.000 assinaturas é pouco, mas naquela época, quando se falava em anistia ao pé do ouvido, quando a repressão estava em toda parte, cada assinatura era um ato de coragem. Foi a primeira pressão popular em favor da anistia.

Coragem também tivemos ao procurar as universidades para conscientizar os jovens da necessidade da anistia: o medo reinava.

Em 1978, já com alguma abertura, foi fundado o Comitê Brasileiro da Anistia, que trouxe grande mobilização. Trabalhamos juntos, conservando, porém, nossa independência.

A Anistia de 1979 não foi uma dádiva do governo, como muitos pensam. Ela veio pela pressão das lutas populares, com o Congresso Nacional pela Anistia em São Paulo, como Encontro pela Anistia e Democracia no Brasil, realizada em Roma, e, finalmente, com as grandes passeatas em todo o Brasil.

A 28 de agosto de 1979, foi promulgada a Lei da Anistia. O MFA, em Brasília, trabalhou junto a cada deputado, a cada senador, pedindo seu voto para a reconciliação e a paz da família brasileira.

Infelizmente, a Anistia votada não foi a que almejamos, Ampla, Geral e Irrestrita. Veio mutilada, elitista, discriminando 1.538 marinheiros e praças da Aeronáutica, bem como pequenos funcionários das estatais e parestatais. Ela também não ressarciu material e moralmente os perseguidos, presos, exilados e suas famílias pelos prejuízos sofridos. Foi uma anistia para iludir o povo, mas, por outro lado, abriu prisões, trouxe de volta à pátria exilados e banidos e reintegrou os cassados.

Essa vitória parcial teve o efeito desejado pelo governo de desmobilizar a luta para que a anistia não chegasse a todos. O MFALD, precursor na luta, continuou sua tarefa, apoiando sobretudo as reinvindicações dos marinheiros, que a Marinha até hoje resiste em aceitar.

Para ser mais abrangente, acrescentamos ao MFA as palavras "liberdades democráticas", e, assim, apoiamos várias lutas como: contra a Lei de Segurança Nacional, elaborando um panfleto, contra a lei dos estrangeiros, pelos flagelados da Cidade de Crateús, estado do Ceará. Ajudamos as lutas da América Latina panfletando pela anistia no Uruguai, contra Pinochet, a favor da Nicarágua e de *El Salvador*, das Mães da Praça de Maio e outras. Estamos sempre presentes em todas as lutas. Hoje, integramos o Movimento em Defesa da Economia Nacional (Modecon), presidido pelo Dr. Barbosa Lima Sobrinho.

Continuando com o trabalho pela anistia dos marinheiros, então prioritária para o MFALD, incentivamos os mesmos a se unirem, e em 1983 foi fundada a União dos Militares Não-Anistiados, à qual demos total apoio.

O MFALD promoveu várias reuni.es em sua sede, com a UMNA, os não-anistiados da Petrobras e outros interessados, além de deputados e advogados, a fim de tentar retomar a campanha.

Finalmente, em Ato Público na Câmara Municipal promovido pelo MFALD, sob o patrocínio do vereador Antônio Pereira Filho, foi relançada, em 1984, comemorando o quinto aniversário da Lei da Anistia, a campanha pela extensão da anistia.

O MFALD elaborou um documento aos parlamentares, assinado por várias entidades, convidando-os para uma reunião por nós marcada em Brasília, a fim de debater as maneiras pelas quais o Poder Legislativo poderia vir a corrigir a injustiça da Anistia promulgada pelo governo.

A reunião foi positiva, estando presentes vários congressistas e os líderes do PMDB e do PDT. A sugestão do deputado José Genoíno, do PT, foi aceita: criar uma Comissão Suprapartidária de Anistia, assessorada pelos Movimentos de Anistia. Coube ao MFALD pedir o apoio das lideranças, o que foi feito e prontamente aceito pelas mesmas.

Assim foi nossa campanha até as votações na Constituinte, onde estivemos presentes. Mais uma vez não passou a Anistia Ampla, Geral e Irrestrita, porém tivemos uma pequena vitória: os marinheiros e praças conseguiram o direito de recorrer à justiça o que até então lhes era negado. Hoje, um processo com 136 casos transitou em julgado e a Marinha é obrigada a cumprir a sentença, o que naturalmente faz a conta-gotas.

Nas lutas democráticas, o MFALD foi também pioneiro. Em 1980, lançou um manifesto e um panfleto didático pela Constituinte. Entrou na Campanha das Diretas ao nível de secretariado, e nossa palavra de ordem era Diretas com Constituinte. Mais tarde na campanha pela Constituinte, lançou novo panfleto, alertando o eleitor da importância do seu voto.

A Reforma Agrária é uma das questões mais dramáticas e prementes para o Brasil. Se não resolvermos esse problema, a miséria e a fome, que assolam nosso país, poderão levá-lo a uma catástrofe. O MFALD, reconhecendo a gravidade da questão, tomou a Reforma Agrária como bandeira de luta, pois ela só será conseguida por meio de pressão popular como a anistia. É um problema que atinge toda a sociedade, e não só o homem do campo. A cidade também sofre com a terra improdutiva, nas mãos dos latifundiários, e a cidade sofre a falta de alimentos.

Nesse sentido, por ocasião das enchentes, o MFALD elaborou um panfleto didático, como sempre fazemos, sobre o problema cidade-campo.

Convidadas a participar da Campanha Nacional pela Reforma Agrária, sugerimos a formação de Comitês de Apoio nas universidades.

Os jovens sempre foram os precursores nas lutas democráticas. Em 1968 os DAs, os DCEs, a UNE foram os heróis, os líderes da resistência à ditadura. Os estudantes deram o melhor de si, anos de vida, e mesmo lutaram até a morte pela causa da Liberdade.

Todos nós queremos um Brasil verdadeiramente democrático, com terra, saúde e educação para todos. Vamos juntos lutar pelo mesmo ideal, e, com trabalho e esperança chegaremos ao Brasil de nossos sonhos.

Hoje, vinte anos depois, ainda há muito a fazer pela anistia e nossa luta continuará até que um dia nossos ideais sejam atingidos e tenhamos a anistia com que sonhamos — Ampla, Geral e Irrestrita.

ZUZU

ROSE MARIE MURARO

ESPEREI 23 ANOS para extravasar esta amargura — confesso que fiquei um tempo indecisa sobre o que deixar para as novas gerações de como foi vivido por nós o regime militar. E quando me perguntei a mim mesma qual foi a mais profunda emoção, a dor mais dolorida, um nome me veio à cabeça: Zuzu Angel.

Acompanhei ao seu lado os últimos e mais trágicos anos de sua vida. De 1971, quando a conheci, até sua morte, em 26 de abril de 1976, ela foi talvez a minha melhor amiga, confidente, e eu também para ela. Saíamos juntas quase toda semana para conversar.

Era a primeira metade dos anos 1970, o pico da tortura e do medo.

O filho dela, Stuart Angel Jones, e a sua mulher, Sônia Angel, acabavam de desaparecer nos porões da ditadura. E testemunhei passo a passo a transformação daquela mulher, de costureira e estilista conhecida na Máter Dolorosa, que desafiou o céu e a terra em busca do corpo do filho.

Quando Zuzu aparecia em algum lugar público, num bar ou num restaurante, às vezes comigo, todo mundo se emocionava. Muitos choravam, porque só ela teve a coragem de fazer o que todas as mães de mortos e desaparecidos desejavam e não tinham coragem, nem nós homens e mulheres comuns, que queríamos entrar pela justiça. Por isso ela se tornou o símbolo da mulher que enfrentou o poder quando ele era impossível de ser enfrentado.

Zuzu foi a todos os chefes militares. Pediu o corpo do filho a Médici, a Geisel, a todos, bateu de porta em porta até se ornar inoportuna e angustiante. Ela era uma acusação viva, mas ninguém tinha coragem de tocar nela porque não era nenhuma "subversiva" engajada em entidades clandestinas ou guerrilheiras. Era uma simples mãe que procurava o corpo do filho.

Quando as possibilidades se esgotaram aqui no Brasil, ela foi para os Estados Unidos. Procurou todos os senadores americanos e denunciou o que estava se passando aqui. E ninguém teve a coragem de mandá-la embora, porque era uma mãe procurando o corpo do filho.

E quando todas as possibilidades se esgotaram nos Estados Unidos, ela voltou-se para si mesma e fez o que só ela sabia fazer. Já era agora estilista internacional. Vendia seus vestidos alegres cheios de pássaros, flores e rendas do Brasil para as grandes lojas de departamentos americanas: *Saks*, *Bloomingdales*, *Macy's*.

Foi então que ela desenhou vestidos lindos brancos, estampados, mas agora não com flores coloridas, e sim com canhões negros, que eram a catarse da sua dor e desespero. E ninguém tocou nela, porque ela era apenas uma mãe procurando o corpo do filho.

Eu vi esses panos. Eram por si sós um libelo terrível.

E assim ela foi até 1976, sem trégua, sem pausa, procurando o corpo do filho.

Nesse ano Henry Kissinger veio ao Brasil. Hoje até já esquecemos o que ele veio fazer aqui, mas jamais esqueceremos o que Zuzu fez.

Todas as portas tinham se fechado, todas as possibilidades estavam esgotadas. Zuzu se fantasiou de velha americana, com chapéu preto cheio de florezinhas na cabeça como qualquer velhinha americana. E, burlando no Hotel Nacional a segurança daquele que era um dos homens mais poderosos do mundo, entregou-lhe o dossiê da tortura do filho.

E foi aí que ela foi assassinada (pode não estar provado, mas é a minha convicção), justamente porque ela era a mãe que estava procurando o corpo do filho.

Porque as mães, quando procuram os corpos dos filhos mortos, são mais ameaçadoras do que os exércitos ou a guerrilha.

Zuzu viveu antes das Loucas da Praça de Maio.

Eu vi.

2014
CHORAM MARIAS E CLARISSES

50 ANOS DO GOLPE

Anoitecera o país./ e a noite nos reuniu em torno da forja./ Por anos, atados ao ritmo seco das máquinas./ E já não éramos apenas/ os ferreiros que manejam o fole;/ os artesãos de obscuras oficinas:/ fomos multiplicados pela noite,/ aos milhares, na linha de montagem,/ invisíveis dentro do uniforme azul.//

Anoitecera o país./ E a noite nos dispersou como sementes,/ no bico dos pássaros migradores/ – envenenados por esse doce travo de esperança – / lançadas ao lombo de ventos e tempestades./ E, noturnamente, germinamos em terra alheia...//

Anoitecera o país./ E a noite dissolveu os versos que cantávamos,/ denunciando a dor e a sombra,/ para nos reduzir a uma nação de mudos./ Mas, tecemos nas pontas dos dedos/ a rede de rendas que sustentou/ a vertigem dos sonhos/ e converteu em gesto/ a canção ao ouvido sussurrada...//

Amanhecemos o país./ E porque amanhecemos o país/ é possível distinguir as cicatrizes/ e sombras que carregamos no corpo/ e na alma/ marcada a ferro pela força / ou pela sutil habilidade/ de quem nos coube combater.//

Amanhecemos o país./ Recriamos o espaço das ruas./ Ainda sitiados pelo silêncio,/ escrevemos no muro a palavra que sangrava nossa boca./ Das línguas de terra que cultivávamos/ entre a cerca e a morte no asfalto,/ ocupamos a terra ociosa/ e sentamos à mesa dos palácios:/ e perdemos a inocência.//

Onde se ocultam os cordões da rede tecida/ pelos sonhos de Dorcelina Folador/ ou pelo quotidiano humilde/ moldado no barro pelas mãos de Margarida Alves?/ Quem, a essa hora, pode alumiar/ a pedra que guarda a memória dos nomes/ em nome de quem desembarcamos aqui?

OS INVISÍVEIS
PEDRO TIERRA

MEMÓRIAS PARTIDAS, INTENSAS E POUCO FALADAS

CECÍLIA COIMBRA

Lembra daquele tempo que sentir era
a forma mais sábia de saber e a gente nem sabia?

ALICE RUIZ

TRAZER UM TEMPO VIVIDO intensa e ativamente, de forma um tanto frenética, pois tudo nos parecia urgente de ser realizado, sem cair em uma espécie de saudosismo conservador, é um desafio. Desafio que corro ao tentar trazer alguns fragmentos de uma história que não é somente minha, mas de uma geração que generosamente sonhou, ousou, correu riscos e, como a peste, foi massacrada e exterminada. Uma geração que, nos anos 1960 e 1970, apaixonadamente tentou marcar suas vidas não pela "mesmice", pelo instituído, pela naturalização, mas pela resistência, pela desmistificação, pela criação de novos espaços.

Em 1962 quando cursava História, na antiga Faculdade Nacional de Filosofia da Universidade do

Brasil (FNFI/UB), atual UFRJ, entrei para o então clandestino Partido Comunista Brasileiro (PCB). Pertenci aos seus quadros de base até 1967, quando, já discordando de sua linha política, comecei a participar de alguns encontros na então chamada Dissidência do PC na Guanabara (DI).

Fui de uma geração de jovens estudantes e intelectuais que viveu intensamente o alegre e descontraído início da década de 1960. Naquele período fortaleceram-se diferentes movimentos sociais que se voltavam para a "conscientização popular".

Ressoavam muito próximos de nós os ecos da vitoriosa Revolução Cubana, que passou a embalar toda uma juventude e grande parte da intelectualidade latino-americana, como o sonho que poderia se tornar realidade.

E, veio o golpe civil-militar (1964) e o golpe dentro do golpe (AI-5, em 1969), quando a ditadura consolidou a sua forma mais brutal de atuação através de uma série de medidas como o fortalecimento do aparato repressivo com base na Doutrina de Segurança Nacional. Silenciava-se e massacrava-se toda e qualquer pessoa e/ou movimento que ousasse levantar a voz: era o terrorismo de Estado.

Naqueles anos aproximei-me de alguns militantes do movimento estudantil — embora já fosse professora de História, continuava na Universidade fazendo a graduação em Psicologia — e participei de alguns encontros do que, logo depois, viria a se constituir como Movimento Revolucionário 8 de outubro (MR-8). Como tinha vida legal, estava casada e tinha um filho, passei a fornecer infraestrutura e apoio a vários companheiros que já estavam, em 1968 e 1969, na clandestinidade, militando em organizações clandestinas e/ou presos.

Em setembro de 1969, quando do sequestro do embaixador norte-americano Charles Elbrick, antes e após a ação, abriguei em minha casa alguns companheiros.

Em agosto de 1970, através de uma denúncia anônima, vinda do CENIMAR, minha casa esteve monitorada por cerca de um mês. Após isso, o Serviço de Buscas do DOPS/RJ invadiu minha residência, onde apreendeu dezenas de livros e alguns documentos. Fui presa e levada, junto com meu marido José Novaes, pelo inspetor da Polícia Federal, Jair Gonçalves da Mota — que parecia chefiar a operação — para a Sede do DOPS/RJ. Ao chegar lá, recebeu-nos, com gritos, impropérios e palavrões, o diretor do DOPS/RJ à época, o delegado da Polícia Federal, Mário Borges que me intimidava aos berros: "Fale, sua puta comunista, com quantos você trepou?".

Em 1 de abril de 1964, no Centro Acadêmico Cândido de Oliveira (CACO) da Faculdade Nacional de Direito, da atual UFRJ, cerca de 200 estudantes universitários concentravam-se para resistir ao golpe. Foram cercados e atacados pelo Comando de Caça aos Comunistas (CCC), grupo paramilitar que, com rajadas de metralhadora e bombas de gás lacrimogêneo, gritavam que iriam matá-los. Eu estava nesse grupo e fomos salvos pelo Capitão de Cavalaria do Exército, Ivan Cavalcanti Proença que logo depois foi preso e expulso do Exército.

Fui levada para uma sala no 2° andar onde dois revezavam-se no interrogatório. Queriam que informasse a origem de um dos documentos encontrado em minha residência. Fiquei sob interrogatório, sendo agredida verbalmente, ininterruptamente, por toda aquela noite e parte do dia seguinte. Ao final do segundo dia fui levada para o Depósito de Presas São Judas Tadeu, que ficava no andar térreo do prédio do DOPS. Lá, dormi em uma pequena cela — separada das demais presas que eram comuns. Nesse lugar encontravam-se também algumas presas políticas, entre elas Germana Figueiredo e Maria Auxiliadora Lara Barcelos e duas outras.

Na tarde do dia seguinte, fui colocada em uma viatura da polícia civil, junto com meu marido e uma amiga, também presa. Antes disso, ao sair do presídio e ser levada novamente para o 2º andar, em uma sala, fui interrogada pelo agente do DOPS, Humberto Quintas.

Algemada e encapuzada, fui levada para o DOI-CODI/RJ, no quartel da Polícia do Exército, à Rua Barão de Mesquita, na Tijuca.

Falar daqueles três meses em que fiquei detida incomunicável é falar de uma viagem ao inferno: dos suplícios físicos e psíquicos, dos sentimentos de desamparo, solidão, medo, pânico, abandono, desespero; é falar da "separação entre corpo e mente", como afirmava Hélio Pellegrino. A tortura não quer "fazer" falar, ela pretende calar e é justamente essa a terrível situação: através da dor, da humilhação e da degradação, tentam transformar-nos em coisa, em objeto. Resistir a isso é um enorme e gigantesco esforço para não perdermos a lucidez, para não permitir que o torturador penetre em nossa alma, em nosso espírito, em nossa inteligência.

Já falecidas. A primeira, médica, morreu alguns anos após sua libertação. Foi, inclusive, testemunha contra o médico psicanalista Amílcar Lobo, que trabalhava, à época, no DOI-CODI/RJ. A segunda, estudante de medicina, foi trocada pelo embaixador suíço sequestrado Giovanni Enrico Bucher e banida em janeiro de 1971. Saiu do país e, emocionalmente perturbada pelas torturas sofridas, suicidou-se na Alemanha, em 1973. Todas elas fizeram o caminho inverso ao meu: estavam no DOPS, depois de já terem passado pelo terror do DOI-CODI/RJ.

Chegando ao DOI-CODI/RJ, recebeu-nos o Major da Infantaria do Exército, Francisco Demiurgo Santos Cardoso. Encapuzada, fui levada para uma cela no andar superior.

Após retirarem-me o capuz, entrou um homem que, sem dizer o nome, identificou-se como médico, tirou minha pressão e perguntou-me se era cardíaca. Não possuía qualquer identificação, embora estivesse uniformizado. Mais tarde, ao esquecer um receituário em minha cela, soube tratar-se de Amílcar Lobo Moreira da Silva, conhecido como Dr. Carneiro, médico e aspirante a psicanalista e assessor das torturas que, posteriormente, esteve presente em algumas seções de tortura.

Poucos minutos depois, fui levada encapuzada para o andar térreo: a sala de torturas, conhecida como "sala roxa". De capuz, tive minhas roupas arrancadas e meu corpo molhado. Fios foram colocados e senti os choques elétricos: no bico dos seios, vagina, boca, orelha e por todo o corpo. Gritavam palavrões e impropérios, chutavam-me. Já haviam identificado o documento encontrado em minha residência: era do MR-8 e da ALN, quando do sequestro do embaixador norte-americano, no ano anterior. Naquele mês de agosto, havia sido sequestrado o embaixador alemão e os serviços de informação pouco sabiam a respeito. Acharam que por ter em mãos aquele documento, eu teria alguma informação sobre o sequestro do embaixador alemão. Exigiam-me, através das torturas, que eu falasse o que não sabia! Em dado momento, não sei precisar quanto tempo decorreu (encontrava-me sem controle da bexiga e do ânus), tiraram-me o capuz e vi vários homens. Mais tarde, identifiquei alguns, como sendo o major da PM Riscala Corbaje, conhecido como Dr. Nagib, o agente da polícia federal Luiz Timótheo de Lima, conhecido como Padre e Jair Gonçalves da Mota, o mesmo que havia participado das buscas em minha residência com a equipe do DOPS/RJ.

Após as torturas, quase sem poder andar, fui levada de volta para a cela por um cabo do Exército: o cabo Gil.

No dia seguinte, não sei precisar bem, fui novamente levada para a sala de tortura, no andar térreo, e lá vi parte da tortura que meu marido sofria: choques elétricos em todo o seu corpo. Seus gritos acompanharam-me durante anos.

Era muito comum essa tática quando algum casal era preso, além de se tentar jogar um contra o outro em função de informações que pseudamente algum teria passado para os torturadores... "será mesmo que ele falou isso?"... era necessário um esforço muito grande para não sucumbirmos... "se falou está louco!"... era o meu argumento, repetido à exaustão.

Fui novamente despida, e colocada numa sala que ficava ao lado da de torturas. Fui amarrada numa cadeira e colocaram um filhote de jacaré sobre meu corpo. Desmaiei.

Os guardas que me levavam, sempre encapuzada, constantemente praticavam vários abusos sexuais... os choques elétricos no meu corpo nu e molhado eram cada vez mais intensos... e, eu me sentia desintegrar: a bexiga e o ânus sem nenhum controle... "isso não pode estar acontecendo: é um pesadelo... eu não estou aqui...", pensava eu. O filhote de jacaré com sua pele gelada e pegajosa percorrendo meu corpo... "e se me colocam a cobra, como estão gritando que farão?"... perco os sentidos, desmaio... inicialmente me fizeram acreditar que nosso filho, de 3 anos e meio. e meu irmão menor haviam sido entregues ao Juizado de Menores, pois minha mãe e meus irmãos estariam também presos. Foi fácil entrar nessa armadilha, pois vi meus três irmãos e minha cunhada no DOI-CODI/ RJ: tinham uma "terrorista" como irmã... essa era a causa que justificava todas as atrocidades cometidas... a casa de minha mãe havia sido invadida e várias pessoas que lá estavam foram presas e levadas para o DOI-CODI/RJ.

O barulho aterrorizante das chaves nas mãos de algum soldado que vinha abrir alguma cela... "quem será dessa vez"... quando passava por nossa cela e ia adiante respirávamos aliviadas. Alívio parcial, pois pensávamos: "quem irá para a 'sala roxa' dessa vez"? Esse farfalhar de chaves me acompanhou por muitos anos.

De madrugada, sistematicamente, abriam violenta e estrondosamente as celas e lançavam fortes luzes em nossos olhos, ordenando-nos, aos gritos, que nos levantássemos, pois, um novo "confere" iria ser feito... de novo, o cão policial nos farejava.

Nos dias que se seguiram, toda vez que vinham buscar-me na cela para novo interrogatório, encapuzavam-me e as sevícias e abusos sexuais aconteciam por parte dos soldados que me levavam.

Nas noites em que não tinham "trabalho" para ser feito, algumas equipes de torturadores para "passar o tempo" nos chamavam, apenas as mulheres. Nunca sabíamos se era para novas sessões de tortura, para alguma acareação ou para um "bate papo", como eles denominavam essas "conversas".

A partir de setembro, fui transferida para uma cela maior — conhecida como Maracanã — onde estive com várias outras presas. Numa madrugada fui retirada da cela, levada para o pátio, amarrada, algemada e encapuzada... aos gritos diziam que ia ser executada e levada para ser "desovada" como em um "trabalho" do Esquadrão da Morte... acreditei... naquele momento morri um pouco... em silêncio, aterrorizada, me urinei... aos berros, riram e me levaram de volta à cela... parece que, naquela noite, não tinham muito "trabalho" a fazer... precisavam se ocupar.

Algumas mulheres que demonstravam uma maior resistência às torturas eram "premiadas": sempre estavam sendo chamadas para os "bate-papos" de madrugada e eram utilizadas como cobaias em aulas para novos torturadores. Caso de uma companheira de cela, Dulce Pandolfi, relatado no livro "Brasil Nunca Mais", coordenado pela Arquidiocese de São Paulo.

Em outro momento, em setembro ou outubro, conheci outros torturadores: João Câmara Gomes Carneiro, major de Cavalaria do Exército conhecido como Magafa e Ailton Guimarães Jorge, capitão da Intendência do Exército, conhecido como Dr. Roberto.

Em uma outra ocasião, fui levada encapuzada para uma sala que ficava no andar térreo. Parecia o gabinete de alguma autoridade. Lá, um oficial do Exército que, posteriormente, identifiquei como sendo Alfredo Magalhães, oficial da Marinha (CENIMAR), conhecido como Dr. José, Dr. Paulo, Comandante Miki e Alemão, me interrogou sobre o sequestro do embaixador alemão. Nessa sala havia um quadro com a caveira e as tíbias cruzadas e as iniciais EM, símbolo do Esquadrão da Morte.

Durante os três meses e meio de minha detenção não tive um só banho de sol, nem contato com qualquer advogado. Quase um mês depois da prisão, assinei, na própria cela, uma ordem de prisão preventiva. Somente a partir daí, pude receber cartas de minha família — censuradas, pois eram cortados os trechos considerados "perigosos".

No DOI-CODI/RJ estavam proibidas quaisquer visitas e a entrada de quaisquer publicações — livros, revistas, jornais.

Naquele local, fui testemunha do estado deplorável em que se encontravam o desaparecido político Jorge Leal Gonçalves e o morto Eduardo Leite, o Bacuri. Esse último já quase não andava de tão torturado; era carregado por dois soldados. Jorge Leal Gonçalves é desaparecido político e foi visto por mim, em outubro de 1970, não sei precisar o dia, quando era levado para ser torturado. Eu saía da "sala roxa" e ele estava entrando. Muito magro, bastante machucado com marcas roxas no rosto e nos braços. Cruzamos na entrada da sala de torturas; nos olhamos... Seu olhar me acompanhou por muitos anos.

Parece que foi ontem... essa e muitas outras histórias continuam em nós, marcadas a ferro e fogo... fazem parte de nossas vidas... falar delas é ainda duro e difícil... parece realmente que foi ontem, hoje, agora... envolvemo-nos, desde então, direta e/ou indiretamente na luta contra a ditadura. Foi, sem dúvida a experiência — não só a da tortura, mas a da militância naqueles anos — mais visceral de toda a minha vida e que me marcou para sempre. Nós mulheres que atuamos — na vanguarda ou na retaguarda, não importa — naquele intenso e terrível período, derrubamos muitos tabus, vivemos visceralmente a presença assustadora da morte, a ousadia de desafiar e enfrentar um Estado de terror, a coragem de sonhar e querer transformar esse sonho em realidade. Acreditávamos... sim, queríamos um outro mundo, outras relações, outras possibilidades... e queremos ainda hoje.

O ÚLTIMO GOLPE?

CHICO ALENCAR

TODOS SOMOS ORIGINÁRIOS de geração biológica e cultural, involuntária, não escolhida. Dou graças a Deus pela minha, sertaneja. Sou filho de um piauiense de Alto Longá, o velho "seu" Alencar, jornalista e servidor do Ministério da Agricultura, e de "dona" Nina, apelido de Jacintha, professora nascida em Santa Rosa de Viterbo, interior de São Paulo. Chegado ao mundo na metade do século passado, represento a transição do Brasil rural para o urbano: carioca da Tijuca, mas com raízes fundas na roça, no país dos grotões, no amanho da terra e na vida pacata da pequena cidade, que até hoje me fascina. É que meu pai, retirante da falta de perspectivas do Nordeste, "mala de couro forrado com pano forte, brim caqui" (Caetano), veio tentar a vida na então capital da República. E minha mãe, que o conheceu em férias numa "estação de águas", como se dizia na época (em Caxambu, Minas Gerais), topou a nova vida de casada longe de seu pequeno burgo.

Todos temos uma geração histórica e política, biográfica, nem sempre escolhida, mas na qual podemos ter alguma interferência. Galeano ensina: "somos o que fazemos e, sobretudo, o que fazemos para mudar o que somos". Adolescente, minha consciência do mundo, já órfão de pai, se deu no período trevoso da Ditadura. Aluno do Colégio Marista São José, no antigo ginásio, a "estufa" ideológica onde formei minha primeira percepção mais racional das coisas era conservadora. O temor da "República Sindicalista" era proclamado por professores e pela própria instituição escolar, além das preocupações que ouvia no ambiente familiar. É certo que a moldura cristã sempre impunha, também, um sentido de solidariedade e uma preocupação com os outros, sobretudo os "deserdados da sorte". Talvez isso tenha ajudado a que minha trajetória tenha sido semelhante à de muitos jovens da pequena burguesia urbana da época: de reacionário a progressista.

A figura política de proa, que me impressionava pela oratória e pela inteligência, embora eu não entendesse quase nada do que ele dizia, era Carlos Lacerda. Lembro-me de um único querido colega, Lucimar Brandão Guimarães, que tinha ideias de esquerda. Eu, intoxicado pela propaganda dominante na classe média, misturava tudo. Um dia, de brincadeira, escrevi no caderno de Lucimar: "fora os nazistas!". Ganhei do colega uma "aula" explicando a diferença entre o nacional-socialismo de Hitler e o comunismo (de Stálin, vá lá...).

Lucimar foi um dos primeiros "amigos presos, sumidos assim, pra nunca mais" (Gil) com o regime que se implantou. Golpe militar mas também com adesão de setores da sociedade civil. Foi esse apoio que me levou, à época, a recortar e colar, dessa vez no meu próprio caderno, a capa de um folheto especial da Seleções do *Reader´s Digest*, com a bandeira brasileira tremulando: "a Nação que se salvou a si mesma". Em pouco tempo comecei a ficar intrigado com fatos obscuros: se a intervenção militar fora feita para 'salvar a democracia', por que todos os Atos Institucionais editados a partir dali restringiam as liberdades democráticas?

Em pouco tempo também aprendi que golpe, na política, é usar da força armada e tomar o poder, desrespeitando as regras do jogo, sem participação da maioria do povo. Revolução é diferente: embora ela quebre normas institucionalizadas, resulta de intensa e tensa presença popular. Não há revolução sem povo. Já o golpe se dá contra o povo e, em geral, sem que ele perceba bem o que está acontecendo. Foi com essa compreensão de menino curioso que comecei a transitar do universo conservador, da direita, para a visão igualitarista e a percepção das injustiças sistêmicas, da esquerda.

Maduro, graças à vida e aos livros, descobri que ao longo da nossa História tivemos muitos golpes e nenhuma revolução, no sentido pleno do termo. A História brasileira é de uma recorrente "transição intransitiva", desde o (des)cobrimento, que para os povos nativos significou o início de sua dizimação. Nossa independência foi liderada por um príncipe português, e seu caráter de não-ruptura é verificável até na famosa frase que D. João VI. Às vésperas de regressar para sua terrinha, teria dito a seu filho: "Pedro, se o Brasil se separar, antes seja para ti, que há de me de respeitar, do que para qualquer desses aventureiros". O conselho do rei luso de regresso aludia aos republicanos revolucionários de "*nuestra America*". Nossa República foi proclamada tardiamente por um admirador de D. Pedro II e o "governo do povo" que se seguiu era o do pacto oligárquico. A chamada Revolução de 1930 foi feita "antes que o povo a fizesse", no dizer do presidente da província de Minas, Antonio Carlos. O Estado Novo de 1937, suprimindo a ordem constitucional instaurada três anos antes, inspirava-se na experiência totalitária dos regimes em ascensão da época, na Alemanha, Itália, Portugal e, depois, Espanha.

O golpe de 1º de abril de 1964 — e não "Revolução Redentora de 31 de março" — nunca se assumiu como tal:

na versão oficial, objetivava "salvar a democracia e livrar o país da corrupção". O golpe civil-militar, com apoio direto dos EUA, como fartamente documentado, foi o último? Tomara, por todos os séculos vindouros.

Estou entre os que consideram que o único legado proveitoso da Ditadura foi a consolidação, pelos que a ela resistiram e para as gerações que não a sofreram, dos valores da cultura democrática radical: supressão das liberdades, censura, prisões políticas e morte nunca mais! Ditadura, tanto quanto seu subproduto, a tortura, nunca mais! Democracia pede mais democracia: participativa, ampliada, de alta intensidade, direta, real, substantiva. Bem mais que essa formal e banal que temos, das eleições bienais marcadas pela influência do poder econômico. Mas, com todas as suas limitações, ela é bem melhor que a Ditadura. Os jovens precisam conhecer essa quadra de truculência, para repudiá-la sempre.

Espanta esse meio século do golpe: passa o tempo, que tudo engole com sua boca devoradora. Mas não a nossa memória, que devemos preservar e cultivar. Há meio século — quem diria?! —, em um primeiro de abril duramente verdadeiro, o presidente João Goulart, que assumira há menos de três anos no lugar do renunciante Jânio Quadros, foi deposto por um movimento militar apoiado pelos governadores dos três principais estados, Magalhães Pinto (MG), Lacerda (GB) e Ademar de Barros (SP), além da atenta supervisão do Departamento de Estado norte-americano, de prontidão para assegurar o êxito da operação. Por isso se diz, corretamente, que a intervenção de deposição do presidente Jango foi um golpe civil-militar. As reformas de base, os direitos dos pobres, a liberdade artística, a soberania nacional sofreram um violento ataque.

O governo dos Estados Unidos acantonara navios de guerra no nosso litoral e os golpistas iniciaram um longo domínio sobre o país. Os generais eram impostos sob a farsa das "eleições indiretas" em um Congresso castrado. E assim assumiram o posto máximo da Nação os "cinco estrelas" Castelo Branco, Costa e Silva, Garrastazu Médici, Ernesto Geisel e João Figueiredo, com um breve intervalo de continuidade, gerido pela "troika" de uma Junta composta pelos três ministros militares. Como me ensinou um antigo aluno do ensino médio (então 2º grau), o jornalista Luís Erlanger, em momento de aula em que eu, supondo-me sob espionagem, gaguejava para caracterizar essa nossa etapa histórica, iniciou-se um "período composto por subordinação" (a sagacidade do jovem salvou o professor de História, que não podia falar em Ditadura Militar naqueles anos de chumbo...).

Antes de ser professor, fui aluno não apenas do Colégio Marista, mas do Pedro II e do Aplicação da então UEG, depois UERJ, quando o estado da Guanabara deixou de existir, também por imposição do Estado de Exceção. No Pedro II, ao participar de uma passeata contra o regime, em 1966, dois anos depois do golpe, fui preso na Praça Tiradentes, ainda menor de idade. Nada de muito pesado: apenas uma noite, com dezenas de outros jovens, na estrebaria do Quartel da Polícia Militar, no centro do Rio. E o (in)devido "fichamento", que me dava dor de cabeça nos concursos públicos em que tinha êxito, pois o famigerado atestado ideológico exigido para a efetivação custava a sair. No CAP, reabrimos o Grêmio Estudantil e vivemos a ebulição de 1968. No ano seguinte o Grêmio foi fechado e eu, seu presidente, junto com outros membros da diretoria, como Cecília Leal de Oliveira, Ricardo Menezes e Claudio Smith, entre outros, recebemos o "bilhete azul": se não procurássemos outra escola, as penas do Decreto 477 cairiam sobre nós, impedindo-nos de estudar durante três anos! O Colégio Israelita Brasileiro Scholem Aleichem, também na Tijuca, dirigido pelo judeu "comunista" Moisés Genes, nos acolheu.

Fui e sou aluno, como todos, da escola da vida — essa que é tão fascinante que, nela, ninguém fica na expectativa de ter férias. Ela me ensinou e ensina demais. Naquele período, as lições mais proveitosas vieram da Juventude Estudantil Católica, que procurava aproximar fé e vida, seguimento do Evangelho de Jesus Cristo e política. Ainda no governo de Castelo Branco, lá estava eu participando de meu primeiro encontro, orientado pelo padre Eduardo Koaik, falecido em 2012, como bispo emérito de Piracicaba (SP). Nosso livro de cabeceira era de um sacerdote e escritor francês, Michel Quoist: "Construir o homem e o mundo". As edições mensais da Revista Paz e Terra, similar brasileira da francesa Esprit (da esquerda católica de lá), eram aguardadas com ansiedade intelectual quase mística.

Através da JEC conheci muita gente bacana. E fui percebendo com mais clareza a força destruidora do regime de arbítrio e opressão. Daria para escrever um livro inteiro com histórias de amigos queridos que foram destruídos psicologicamente e/ou sequestrados, torturados e mortos. Além de Lucimar, Antonio Marcos de Oliveira e seu irmão Januário, Maurício Guilherme da Silveira, Luiz Raimundo de Carvalho, Antonio Carlos Morari — todos parceiros de copo e de cruz, de confidências sobre desilusões amorosas, expectativas futebolísticas e delírios de um novo mundo fraterno e solidário.

A perda mais violenta e marcante foi a do amigo Antonio Henrique Pereira Neto, padre e psicólogo, assessor de D. Hélder Câmara, então arcebispo de Olinda e Recife — o "bispo vermelho", segundo os militares, por quem torcíamos para que ganhasse o Prêmio Nobel da Paz (para o qual foi cogitado algumas vezes, com muita razão). Henrique, como o chamávamos, era a alegria em pessoa. Cáustico, nunca usava batina, e brincava quando, passeando pelo Rio conosco, cruzávamos com freiras de longos hábitos.

"— Quantas minissaias daria pra fazer com esse pano, irmã!", provocava Henrique. Algumas sorriam, mas a maioria, lembro bem, franzia o cenho e acelerava o passo para se livrar daquele "herege". Henrique também tinha uma forma peculiar de responder ao corriqueiro "como vai" dos amigos: "— Vivendo, acha pouco?", dizia. Não era pouco mesmo. Tragicamente sua existência foi breve demais. Em 1969 ele foi torturado, enforcado e esquartejado quando saía da Faculdade onde lecionava, no Recife, pelo Comando de Caça aos Comunistas. Os assassinos, amparados pelo sistema e pelo véu espúrio de uma interpretação equívoca da Lei da Anistia, não foram plenamente identificados até hoje. Lembro-me, como se fosse hoje, da comovente missa em memória de Henrique, na Igreja de Santana, na Praça XI, no Rio. Repleta de jovens (e de agentes do regime, vigilantes), concelebrada por muitos padres, o canto final ecoava como um grito de denúncia contra a barbárie da Ditadura. E aviso profético de que o sangue derramado por nossos mártires não seria em vão: "Prova de amor maior não há/ que doar a vida pelo irmão!".

O poder não era só militar. Ergueu-se um bloco baseado nas empresas multinacionais, que tiveram sua vida aqui enormemente facilitada; nas estatais, que garantiam preços subsidiados para os investimentos privados; numa burocracia político-administrativa que carimbava e vigiava; e numa produção do imaginário social, através dos controlados grandes meios de comunicação de massa, que exaltava ufanisticamente o "Brasil Grande", o "país que vai pra frente". A vida política ficou restrita ao bipartidarismo de ficção, com o partido do sim, o MDB, e o do sim senhor, a ARENA. É verdade que, para efeito externo, o MDB era oposição. Mas ai dos emedebistas que se "excedessem" no discurso: eram cassados, isso é, deixavam de exercer seus mandatos parlamentares por decisão do general de plantão. Página infeliz da nossa História!

E "passagem desbotada na memória de nossas novas gerações", para seguir citando Chico Buarque e Francis Hime. Eles e muitos outros jovens de então, entre os quais me incluo, fomos formados nesse ambiente de repressão, censura e tortura. Os que "partiram fora do combinado", tão precocemente, estão num cantinho sofrido da nossa memória, por terem revivido em suas breves existências a paixão e morte de Cristo. A mesma de tantas vítimas da resistência indígena, negra e popular no Brasil: nossos mártires. Nós sobrevivemos e superamos o medo, ainda que pagando com expulsão das escolas, prisão e exílio.

Outra escola da vida, de cujo 'diploma' muito me orgulho, foi o movimento comunitário, das Associações de Moradores. Sua pujança se deu já no declínio do regime, acompanhando os movimentos que clamavam por liberdades democráticas. Os ideólogos do autoritarismo deviam ficar atazanados: empurrados para dentro de suas casas, para 'tocar sua vida' privada, os cidadãos resgatavam a dimensão da vizinhança e da luta comum por equipamentos urbanos coletivos e políticas públicas adequadas de educação, saúde, saneamento básico, transportes, moradia. A Federação das Associações de Moradores do Rio de Janeiro (FAMERJ), que também presidi, foi minha 'universidade' social e política. Ali se aprendia — como nas associações de moradores, até hoje — que nenhuma iniciativa governamental tem valor e enraizamento se não passar pelo crivo participativo dos seus usuários ou beneficiários. "Nada sobre nós, sem nós!" — o lema dos deficientes hoje vale, há tempos, para a cidadania em geral.

Hoje tudo isso é passado e, às vezes, nem parece que éramos nós mesmos os protagonistas (melhor dizer os antagonistas) daqueles tristes momentos. Mas a cultura da aceitação, da passividade, do imobilismo que o golpe de 64 impôs ainda tem força no Brasil de hoje: o individualismo vale mais que os movimentos, a ditadura do consumo sufoca a criatividade, o capital financeiro continua decidindo nosso destino como nação, ter consciência política não é para as pessoas comuns e sim para os "entendidos". Millôr Fernandes, outro que colocou a força dos argumentos e da inteligência contra o argumento da força e da imbecilidade do poder, dizia que "cidadão neste país em que não há qualquer cidadania passou a significar só... cidade grande!"

Aos 25 anos da Constituição cidadã, ainda não se horizontalizou a cidadania no Brasil, e muitos dos seus artigos não desceram do papel para a realidade... alguém já disse que, no Brasil, cumprir a lei é revolucionário.

Quem não se lembra do passado corre o risco de revivê-lo. Revisitar acontecimentos históricos é reinterpretá-los, agregando em sua leitura os novos conhecimentos que adquirimos. Por isso, no aniversário de meio século do golpe, assumo as palavras do amigo compositor Fernando Brant, que reagiu à ruptura política e institucional com a sensibilidade dos que são vocacionados à Justiça: "os acontecimentos daqueles dias ainda estão claros na memória. Fechado no escuro do quarto, querendo fugir do mundo que me chegava pelo rádio, eu, pouco mais que um menino, chorava, como se fosse morte a viagem-fuga do Presidente Jango. Os anos passados, a maturidade e a visão diária da injustiça e do ódio, da opressão, da mentira e do medo me levam, agora, adulto, em nome da verdade e da História, a reafirmar o menino: as lágrimas derramadas em 64 continuam justas".

DITADURA: AS MORTES CONTABILIZADAS E AS NÃO CONTABILIZADAS

HILDEGARD ANGEL

A CADA ANO QUE PASSA e quanto mais velha fico, quanto mais distante se vão os fatos trágicos que se abateram sobre os meus, minha família, por obra da maléfica, terrível, ingrata ditadura, que hoje há quem ainda venere; quanto mais distante está esse sofrimento, mais ele se aprofunda dentro de mim, mais frágil me sinto, mais presente está minha dor, com mais facilidade me jorram lágrimas.

E por mais que se acumulem provas, depoimentos, perícias, atestados, foto até de algozes no local do assassinato de minha mãe, numa tocaia na madrugada silenciosa e erma de São Conrado, a imprensa — mesmo jornalistas consagrados — insiste em difundir aquilo que já se tornou "lenda urbana": que ela teria morrido em um "acidente sem causas esclarecidas", versão que mascara a verdade gritante, que tantos se negam a escutar.

Afinal, desde 1998, o Governo Brasileiro, através da Comissão dos Desaparecidos Políticos, criada pelo então ministro José Gregori, reconheceu a farsa do suposto "acidente" que vitimou minha mãe, na realidade uma emboscada por agentes do regime militar.

Em 2014, no 1º de abril dos 50 anos do Golpe, data lembrada em São Paulo com a inauguração da mostra "Ocupação Zuzu", reclamei: "São 38 anos de nebulosa negação de uma realidade. Além de roubarem a vida de minha mãe, ainda tentam usurpar-lhe o mérito da morte heroica".

Logo em seguida, no mesmo ano, a Comissão da Verdade colocou aquela página da História do Brasil em seu devido lugar, esclarecendo os fatos, através do testemunho do torturador delegado Claudio Guerra, e vimos, nas primeiras páginas dos jornais, a foto do coronel do SNI Freddy Perdigão, diretamente ligado ao gabinete do ditador Ernesto Geisel, tocaiado no local do crime, onde foi cumprir a missão de "apagar" a incômoda voz da mãe que jamais se calava ou se calaria, encontrasse ou não os restos mortais do seu filho Stuart.

Foi também um trabalho esplêndido, incansável e corajoso da Comissão Nacional da Verdade, conduzida pelo seu destemido presidente, Pedro Dallari, o aprofundamento das investigações da busca dos restos mortais de meu irmão, Stuart Angel, e o surgimento de elementos concretos que atestam seu assassinato pela Aeronáutica.

Meu irmão passou por toda a sorte de torturas. No pátio da Base Aérea do Galeão, onde posteriormente descobriu-se haver uma Câmara de Torturas subterrânea, concretada para não deixar rastro às novas gerações daquele espaço de iniquidades.

Hoje, eles falam em "guerra", mas se não se envergonhassem da carnificina praticada não concretariam e tentariam apagar as pegadas de suas ações sanguinárias.

Abençoadas são as pessoas de bem, que não conseguem (nem precisam ter que) aquilatar o alcance infinito da perversidade dos tiranos.

Nos primórdios dos anos 70, mamãe fez-se arauto das dores viscerais maternas daquelas brasileiras de quem lhes arrancaram filhos na plenitude da juventude, do conhecimento e do mais puro idealismo. Jovens homens e mulheres prontos para o Brasil de um amanhã que não viveram.

Arrancaram-lhes e lhes deceparam as almas, os braços, seios, cabeças, mãos.

No depoimento à Comissão Nacional da Verdade, o delegado do Dops Claudio Guerra contou como os cadáveres lhe eram entregues, aos pedaços, para serem incinerados no forno crematório da usina de açúcar de um político fluminense em Campos.

Pode parecer uma afirmação abjeta até, mas sou grata ao delegado Claudio Guerra. Eu não coloco os militares que agora fazem revelações, mesmo os que torturaram, no mesmo patamar dos que levam para o túmulo silencioso suas monstruosidades. Ao falar, expiam culpas, e quem tem culpa tem alguma consciência.

O remorso é prerrogativa do sentimento. Mais monstruosos são os que insistem em se calar em seus horrores, compartilham apenas entre si as atrocidades cometidas, como caçadores de safaris que expõem nas paredes de suas mansões exclusivas cabeças empalhadas de bichos decapitados.

Se pudessem, esses que se calam, pendurariam, como se fossem troféus de guerra ou *recuerdos* nostálgicos, as cabeças de meu irmão, minha mãe, minha cunhada e de todos os milhares de brasileiros trucidados — pois há os sabidos e os não sabidos — emolduradas em seus livings e, entre drinks, chacoalhando as pedras de gelo com os dedões, comentariam de modo espalhafatoso as próprias barbaridades: "Essa cicatriz, vocês precisavam ver na hora em que foi feita...".

São esses os monstros maiores: os que batem no peito, se orgulham, fazem mistério sobre o paradeiro dos corpos, celebram acordos mafiosos de silêncio eterno *à la Omertá*, queimam documentos, escondem vestígios e às vezes são enterrados com honras militares.

Monstruosos os que agora incitam ingênuos ignorantes dos fatos passados a saírem em marchas pedindo mais atrocidades, "queremos mais, muito mais!".

Os que marcham desconhecem que, no próprio dia do Golpe, 1º de abril de 1964, o Estádio Caio Martins de Niterói foi lotado pelos golpistas com prisioneiros, intelectuais, artistas, estudantes, jornalistas, empresários.

Lotaram o estádio, porque já haviam lotado com presos três navios de guerra, fundeados na Baía da Guanabara especialmente para isso, considerando que os quartéis também já estavam totalmente ocupados. Isso, devido ao fato de que as celas das delegacias estavam igualmente abarrotadas em máxima lotação. Assim foi o primeiro dia do golpe de estado.

E a fila diante do Dops, aqui na Rua da Relação, no Rio de Janeiro, contornava o quarteirão, com pais e mães desesperados, esposas e esposos, irmãs e irmãos, parentes, advogados, amigos e amigas, todos querendo saber dos seus, arrancados de seus lares e escritórios, repentinamente, abruptamente, sem qualquer motivo ou razão, sabe-se lá por ordem de quem, aprisionados, sem ordem, sem mandado, sem nada. De modo arbitrário. Aterrorizador.

Naquela noite, o professor Sobral Pinto, o mais respeitado advogado do país, o ilustre jurista, até ele, foi barrado à porta do DOPS por um soldadeco de chumbo. O Dr. Sobral, advogado do governador Carlos Lacerda, que teoricamente mandava no DOPS. Até ele!

E todos entenderam a gravidade daquele momento. E todos entenderam que os que pensavam que mandavam não mandavam mais. E todos compreenderam que a sombra que pairava sobre o país não era de uma noite, era uma escuridão sem noite nem dia nem data para terminar.

No arbítrio, no silêncio sem resposta, na ponta da baioneta, assim vivemos nos anos do medo. Quem mandava, não explicava. Calçava botas, não respondia, apenas prendia. E matava. E as cabeças obedientes se abaixavam, os olhares eram enviesados, os pescoços se curvavam, os caráteres se diluíam. Em nome da sobrevivência, as pessoas viam aflorar nelas mesmas o seu pior. Outra forma de morrer. Mas essas mortes não eram contabilizadas.

Mamãe usou sua moda, que trazia a marca da insubordinação, para contar essa história, expondo nossas vísceras, na plenitude de sua beleza e de sua tragédia. Sua coleção é uma chama de alerta, que deve ser mantida sempre ardente, em nome de nossa Cultura e de nossa Democracia.

Com o mesmo cuidado com que as sacerdotisas do templo romano mantinham aceso o Fogo Sagrado, acreditando que, caso se extinguisse, uma grande ameaça pairaria sobre o país, tenho procurado nesses últimos 38 anos manter bem viva a chama do heroísmo e do martírio de Stuart e Zuzu.

Acredito nos romanos. Sem o crepitar permanente da chama de suas memórias, bem como das demais vítimas da ditadura, uma grande ameaça de retrocesso pairará sobre nosso país.

E que venham outros militares que falem. Militares ou parentes deles, que tenham um laivo de caridade ou pena, antes de encontrar a própria morte. A esses militares, serei reconhecida, pois ao menos mostrarão algum respeito pela minha dor e a de tantas famílias que querem respostas.

Ainda procuro localizar os ossos do meu irmão.

FRAGMENTOS

JAIME WALLWITZ CARDOSO

TINHA UM MURO NO MEIO DO CAMINHO. O Muro. Sartre. A contingência e a morte de um militante. 1989. Muro de Berlim. História e escombros. Chegaram a dizer que ela ia acabar. 1964. Brasil. Golpe militar. O presidente Jango caiu. Bastava ser contra o golpe para ser acusado de comunista ou de estar a serviço do comunismo. Então eu era comunista. Muros de concreto e muros invisíveis por toda a parte. Até hoje os vejo. Embaralham-se. Rádio Garibaldi. Programa A Voz Estudantil. Li um artigo em defesa do muro de Berlim. Caí. Estava tonto. Fora do ar. Livraria em Porto Alegre. Na vitrine "O ato e o fato", de Carlos Heitor Cony e "Faz escuro, mas eu canto", de Thiago de Melo. Os títulos convocavam. Estatuto do Homem. Artigo I. Fica decretado que agora vale a verdade agora vale a vida e de mãos dadas marcharemos todos pela vida verdadeira. Senti Thiago de Melo saudando meu engajamento. Alienação. Essa palavra bastou. Tive a síndrome da opinião formada sobre tudo. Escolhi o destino. O caminho viria depois. Primeiros passos. Cadernos do Povo Brasileiro. Quem pode fazer a revolução no Brasil. Bolivar Costa. Quem é o povo no Brasil.

Nelson Werneck Sodré. Editora Civilização Brasileira. O Manifesto Comunista. Marx e Engels. No Teatro de Arena no Rio assisti Opinião e Liberdade. Quase obrigação. Teatro Casa Grande. Palestra Existencialismo e Marxismo. Dizendo-se apenas versado em marxismo um dos palestrantes procurou driblar a censura ainda branda dizendo-se marxólogo. Simples teórico. Não unia teoria e prática como um marxista deveria fazer. Práxis ao vivo. Aprendi. Parti para a prática. Negai vossas ilusões e preparai-vos para a luta, disse Mao. Negar as ilusões continua sendo a parte mais difícil. Sempre levo à prática ideias embrulhadas com ilusões. PCB PCdoB e AP. Conheci as primeiras letras. Movimento estudantil. ME. Documento Base da Ação Popular. O preço da segurança total é a total imobilidade, ensinava Herbert José de Souza. Betinho. AP. Filhei-me. Grupos de estudo. Agitação. Militância sem trégua. Membro do Comando de Seção. Divisões. Via pacífica. Luta armada. Insurreição guerra de guerrilhas guerra popular guerra de posições guerra de movimento. Nossas contradições. Porém, em jogo estava o controle do movimento estudantil. Escola Técnica Suckow da Fonseca. Iuri Xavier Pereira. O líder. PCB. Na vice-presidência da AMES fui lá algumas vezes. Controvérsias acirradas. Na AP considerávamos os militantes do PCB imobilistas. Praça Cardeal Arcoverde. Dou a volta. Dou voltas. Iuri fez questão do encontro para dizer que ele e o irmão Alex acompanhariam Marighella. Não sei porque quis me falar. Certamente ele também não. Voltas e mais voltas. Sigo às voltas. Iuri e Alex. Irmãos de sangue. Guerrilheiros. E Marighella. Marxistas. Assassinados. Grupos Táticos Armados. Teoria em ação. Ação Libertadora Nacional. Coragem não se serve fria. Lições sem livros. Vividas da mesma forma no Chile com Salvador Allende. 1973. 11 de setembro. Santiago. Golpe de estado. La Moneda. AK-47. Muro de fogo. Caiu. Quando Fidel esteve em Santiago Allende discursou a seu lado e afirmou que só sairia de La Moneda pelo voto ou crivado de balas. Cumpriu. Caí em mim. Circuito Brasil Chile Cuba Coreia Cuba Chile Suécia Brasil. Círculo. Exílio é drama de desenraizamento disse Poerner. Devíamos resistir. Fui preso e banido do Brasil. Minha mulher Lilliam e eu fomos presos e expulsos do Chile. Exilados na Suécia tivemos filhos. Iuri nasceu em Gotemburgo e Alex em Estocolmo. Escolhemos os nomes em reverência aos combatentes da ALN Iuri e Alex. Luz no exílio sueco. Considerados apátridas conseguimos passaportes graças à Convenção de Genebra de 1951. Raízes. 1980. Rio. Praia do Flamengo. Meus filhos estavam longe. Gritei seus nomes. Aproximou-se. De chofre contou sobre seus irmãos assassinados pela ditadura. Chamavam-se Iuri e Alex. Identificou-se. Iara Xavier Pereira. Não sabia que tinham irmã. Contingência. Voltei ao Teatro Casagrande. Resgatei o debatedor existencialista e salvei meu materialismo decadente. 1967. Embrenhei-me pelas ruas. Escrevia na rede social dos muros com bastão de piche. Abaixo a ditadura! A realidade feita com cimento. Comícios-relâmpago. Movimento cultural. A célula da AP do colégio André Maurois foi minha iniciação. Precisávamos de recursos financeiros. Organizamos um show com Gal Sidney Muller Momento 4 Nana Caymi Moreira da Silva. Não lembro se Caetano estava. Acho que sim. Guilherme Araújo arranjou para que não precisássemos pagar cachê. Divulgação escassa. Pouca gente. Pequeno lucro. Teatros ruas campos construções. Protestos. Concentrações. Ocupações. Passeatas greves revezes. Os padres operários, os poucos operários, os poucos camponeses. Muitos estudantes. Pedras bolas de gude pregos retorcidos contra polícia cavalos brucutus. Os telefones não ligavam. As cartas não chegavam. Mimeógrafos para comunicação de massa. 1968. 28 de março. Restaurante do Calabouço. Protesto relâmpago. Tiro à queima-roupa. Edson Luis o estudante morto que podia ser seu filho. Noite. Luto na Cinelândia. Assembleia Legislativa. Atual Câmara de Vereadores do Rio. Os líderes das entidades estudantis reunidos com o Deputado Jamil Haddad. UNE UME AMES FUEC. No saguão o corpo sobre uma mesa. Discursei. Esbravejei. Boas lembranças nem sempre ocorrem nos momentos certos. Talvez nem interessem a ninguém. Não importa. Segurei as pernas da Norma Bengell para ela discursar sobre um parapeito. Ponto e parágrafo. Continuei nos confrontos de rua. Estratégias táticas e caminhos tantos. Livro Vermelho. Mao. Certezas muitas. Com muito tanto acabei desse jeito. Jeito de sobrevivente. 1968. Brasil. 70 milhões de habitantes. Junho. 100 mil pessoas na Avenida Rio Branco. O povo organizado derruba a ditadura. Vitória prenunciada. Palavras de ordem a favor da luta armada. Efervescência. Um mar de siglas. ALA VERMELHA ALN PCBR FALN COLINA REDE PCB DI DI-GB MR-8 PCdoB MRT MNR VPR VAR-Palmares POLOP MOLIPO. MAR. Ó pontinho. Rachas. Dissidências. Brancaleones. NML M3G POC. Militei em cinco dessas organizações. Na AP ainda tinha vida legal. Até início de 69. Na clandestinidade seguiram-se NML COLINA VAR-Palmares. No exterior entrei na VPR. Ordenados na linha do tempo os fatos ficam cheios de si. Com pose de inexoráveis. 1969. Rio. Santa Teresa. VAR-Palmares. Chegara a hora de um salto de qualidade. Ação de grande vulto estava sendo preparada. Obteríamos recursos suficientes para aquela etapa da revolução. Não haveria mais necessidade dos riscos das expropriações de banco. 19 de julho. Jornal do Brasil. Mansão assaltada no dia anterior. Um cofre pesando 150 quilos. Nenhuma referência à guerrilha. Entendi imediatamente. Tratava-se do que chamávamos de Grande Ação. Dois milhões e meio de dólares para a revolução. 1969. Setembro. Quinze libertados em troca da vida do embaixador americano. Uma vitória. 4 de novembro. Um morto. Marighella. Quanto valia esse um? O AI-5 veio em dezembro de 68. O ano acabou por decreto com menos dezoito dias. Suas cinzas foram dispersadas por 1969 e 1970. Terror de Estado. Tortura. Morte. Enfrentamento. 1970. Sequestro de um cônsul japonês. Cinco prisioneiros banidos do país. Embaixador alemão sequestrado e mais quarenta prisioneiros banidos para a Argélia. 7 de dezembro. Sequestro do embaixador da Suíça. 1971. Janeiro. Quando os setenta prisioneiros banidos chegaram no Chile o comando guerrilheiro libertou o suíço. Ousar lutar. Ousar vencer. Palavra de ordem da VPR. Menos poder de fogo. Menos adesão. Na linha de frente lutavam poucos. Muito. Os combatentes e os prisioneiros. Simpatizantes e mães pais irmãos filhos. Ações espetaculares contra espetáculo. Tristes Trópicos. Estruturalismo. As Palavras perdiam campo. Menos teoria. Mais ação. Tropicalismo. Eu organizo o movimento e vou pro futebol. 1969. Agosto. Maracanã. Fui com a bandeira do Vasco. Brasil e Paraguai. Pelos trens da Central chegava o povo. O técnico João Saldanha mandou o ditador não se meter na escalação do time. O João Sem Medo. 180.000 torcedores. Quis sentir um clima de protesto. Ilusões. Grande Resenha Facit. Inteligência no ar. Um pouco de ar. Tudo certo como dois e dois são cinco. Caetano. Tempo de partido tempo de homens partidos. Drummond. Os operários não estavam em construção. Os marginalizados não somavam. Coluna guerrilheira sem campo. Cultura sem espaço. O milagre do ame-o ou deixe-o. Nara Leão. Aquele abraço.

Indo e vindo lembrei de você. Prá não dizer que não falei de flores. Dúvida se 68 tinha de fato acabado. 1969. Nosso pequeno grupo rompeu com a AP e passou a se chamar NML. Para sairmos do isolamento nos integramos à COLINA. Meu primeiro contato na nova organização foi Wanda. Dilma Rousseff. Pouco depois participei da constituição do Comando Regional da COLINA no Rio. Encontro Anita. Isolde Sommer. Preparação de atentado. Anita sorriu quando me viu saindo com o pacote. Trêmulo. O ônibus balançava. A bomba não explodiu. A Ditadura perdurou. 1981. Riocentro. A bomba da reação explodiu no colo da repressão. Estertores da linha dura. 1969. Fusão de COLINA e VPR. VAR-Palmares. Grupos de fogo nas cidades. Em discussão o foco. A guerrilha rural seria o motor de arranque da revolução ou a peça fundamental do motor de arranque? A perda do foco. O racha. A VPR se reorganizou com Lamarca. No final de 1969 Sílvio Da-Rin e eu caímos. 21 anos. Estávamos na VAR. Presos por causa de uma denúncia feita para enganar a repressão. O torturado queria ganhar tempo. Lembrei-me de "O Muro". Contra a contingência e o absurdo só a intuição. Usa-se ou atrofia. Levado para a PE da Vila Militar fiquei até dezembro de 1969. Modesto da Silveira e Rosa Cardoso eram meus advogados. Atuavam em locais certos e sabidos sob a ameaça de desaparecimento. Defendiam direitos humanos num país onde esses estavam abolidos. No tribunal militar mostrei as provas da tortura no corpo para não fazer feio diante da coragem de Modesto. Carrego as cicatrizes. De outras feridas, não sei mais. Damos o nome de esquecimento ao que não queremos lembrar. Fui transferido para a Ilha das Flores onde fiquei todo o ano de 1970. Uma greve de fome. Da PE lembro da fome e da tortura. Cela solitária onde mal cabia o corpo estirado. Cadernos do Cárcere. Se batesse com a cabeça na parede quebraria a cabeça não a parede. Gramsci. As palavras afinal serviram para alguma coisa. Testemunhei quando Chael Dora Espinosa chegaram presos. No princípio ouvi gritos. Depois veio um silêncio violento. Chael morto. Não resistiu às torturas. Dora. Exílio. Berlim. Estação de metrô. Suicídio. E Murilo Pezzuti. Usado na PE como cobaia em aulas de tortura. Trocado pelo embaixador alemão. Anistiado. Mato Grosso. Suicídio. 1970. Na Ilha das Flores tive o primeiro banho de sol. Lá não havia mais tortura. Elogiei até a comida. Zé Duarte ficou furioso. José Duarte dos Santos. Não há cadeia boa! Aprendi. 79. Novembro. Rio. Recebi da minha mãe um pedaço de papel amarelado com um poema. Dois versos me fizeram lembrar porque falei aquilo para o Zé. Resto, destroços. Sou passageiro de um ruído. Escrevi Estrada de Ferro na PE da Vila Militar. Viajava quando ouvia os trens passando. 1973. 11 de setembro. Santiago. Ouvi o discurso de Allende. O adeus. De casa pude ver o bombardeio do Palácio de La Moneda. Dia 12. Cercaram o prédio onde morava. Dezenas de carabineiros. Apartamento invadido. Lilliam Leyla Luis Carlos Sérgio Eli Lu e eu. Presos. Não encontraram a arma a munição o manual de guerrilha. Levaram os homens para o Estádio Chile. Em seguida transferidos para o Estádio Nacional. As mulheres saíram da prisão domiciliar para um refúgio. Padre Hurtado. Mais destroços. No Estádio Chile vi cadáveres empilhados escalpamentos. Fome. Centenas de presos tortura morte e fome, muita fome fazem um campo de concentração. Fascismo. Victor Jara. *El silencio y el grito son las metas de este canto*. São versos de um poema escrito por ele no estádio. Silêncio. De ouvido em ouvido. Mataram Vitor Jara. Fuzilado. Perdão Zé. Desaprendi. Aprendo e desaprendo. É uma merda. A tal solidariedade Internacional não era abstração. Podia ver e tocar.

Aprendi. Resgatados do Estádio Nacional pelo Alto Comissariado das Nações Unidas para Refugiados com sede em Genebra fomos para um refúgio sob proteção da embaixada Suíça. A isso dão o nome de ironia da história. Fim da fome. Uma pizza. Primeiras lágrimas. Não desaprendi a fome nem a solidariedade. 1973. Dezembro. A Suécia concedeu asilo político a Lilliam e a mim graças a seu embaixador Harald Edelstan. Edelstan salvou inúmeras vidas. Qualquer sobrevivente do genocídio chileno sabe quem foi Edelstan. No dia da viagem para a Suécia saímos de nossos refúgios acompanhados por representantes da ONU. O reencontro no aeroporto de Pudahuel acabou em frustração. Viagem cancelada. A escala no Brasil era um risco. Agentes do DOI-CODI poderiam invadir o avião e nos retirar à força. Retornamos para os refúgios e aguardamos um voo sem escala no território brasileiro. Depois de mais alguns dias, finalmente, conseguimos embarcar. 1971. Janeiro. Ilha das Flores. José Duarte Reinaldo Guarany Wilson Barbosa Francisco Mendes Jean Marc Pedro Viegas Reinaldo Melo e eu estávamos na lista dos setenta trocados pelo embaixador da Suíça. Corredor das celas. Punhos cerrados. Canção do Expedicionário. Por mais terras que eu percorra não permita Deus que eu morra sem que volte para lá. Uma espécie de início de contagem regressiva para a volta ao Brasil. Santiago. Aeroporto de Pudahuel. Fomos recebidos pelos exilados. Fazia escuro. Nos saudou Thiago de Melo. Libertado por uma ação armada aderi ao militarismo. Ingressei na VPR. A primeira missão foi fazer um treinamento de guerrilha. Coreia do Norte. Preparação física tiro tática sabotagem combate defesa pessoal sobrevivência. Kim Il Sung. Dia e noite. Pyongyang. Aeroporto de Sunan. Poco a poco mucho aconselhou o coronel coreano na despedida. Redemoinho.

Moinho. Não sei o que me move. Dizem que águas passadas não. 1973. Santiago. Setembro. Estádio Chile. Victor Jara. *¡Canto que mal me sales cuando tengo que cantar espanto!* Escreveu no estádio seu Epitáfio. Perdas. 1971. Brasil. Março. Lamarca foi para o MR-8 e a VPR deixou de existir no Rio. Setembro. Lamarca assassinado. Baixas e mais baixas. Cuba. Antes de partir para a Coreia do Norte li um documento assinado pelo Cabo Anselmo intitulado Brasileiro só tranca a porta depois que ela foi arrombada. Pedia o justiçamento dos militantes que vacilassem na tortura. 1972. Da Coreia para Cuba e daí para o Chile. Calle Ahumada em Santiago. Café Haiti. Diógenes de Arruda Câmara. PCdoB. Dirigente. Ex-companheiro da Ilha das Flores. Informações de seu partido indicavam que Anselmo mudara de lado. Comuniquei ao nosso dirigente, Onofre Pinto. Desconsiderou. Muitos difamados pelos partidos comunistas tombaram em combate. Entre eles Lamarca. Foi o que disse. Muito antes Anselmo esteve no Chile. Reafirmou lealdade e voltou para o Brasil. Porta arrombada. 1973. Recife. Janeiro. Desmascarado o Cabo cometeu a traição final. Chácara São Bento. Cenário. Expostos os corpos de seis militantes. Sua mulher grávida entre eles. O Comando da VPR sem comando. Anos concentrados em meses em semanas em dias em horas em minutos. Gota de chumbo em queda livre. Prisões mortes infiltrações. Interrompida qualquer operação de volta. Um agente do inimigo poderia ter sido o anfitrião do grupo da Coreia. A paciência proletária que queria o coronel coreano ou a pressa pequeno-burguesa como chamávamos a impaciência para agir? Não fazia mais diferença. Simplesmente parar. Na casa onde morava com Lilliam na Avenida Los Zapadores aconteceu a última reunião da VPR. Estavam presentes com seus grupos Ângelo Pezzuti e Onofre Pinto. Mais o pessoal da

Coreia. Li documento aprovado pelo grupo da Coreia escrito a quatro mãos com Mazzini. Umberto Trigueiros Lima. Nele denunciávamos a luta pelo espólio financeiro da organização. Afirmávamos que a VPR não tinha mais nada a ver com a luta do povo brasileiro. Decretávamos o fim da VPR. Prosseguir seria concluir o trabalho do Anselmo. Com todos mortos. Inclusive a memória. Suspeitas. Discussões. Acusações. A Vanguarda Popular Revolucionária acabou ali. Distribuímos o documento para as organizações brasileiras partidos chilenos e imprensa. Muro. Fim do caminho. Sem a presença do grupo da Coreia foi feita a divisão do que restava do dinheiro do cofre. Em torno de duzentos e cinquenta mil dólares. Uma parte coube ao grupo de Ângelo. Guardaria o dinheiro em lugar seguro na França e financiaria uma rede de solidariedade no exílio. Morreu em acidente de moto em Paris. Outra parte ficou com Onofre. Alegava possuir bases no Brasil. De fato. Retornou com alguns companheiros. Outro infiltrado os esperava. Foram emboscados e assassinados. 1979. 28 de agosto. Promulgada a Lei da Anistia. 31 de outubro. Estocolmo. Lilliam Iuri Alex e eu a caminho do aeroporto. Com certeza Thiago de Melo estaria no Galeão. Em Arlanda ecoava o canto do corredor da Ilha das Flores. Não permita Deus que eu morra sem que volte para lá.

MEMÓRIAS DE UM VIADO VERMELHO QUE SE APAIXONOU PELO BRASIL

JAMES N. GREEN

O ANO 1973 FOI CRUCIAL para orientar os rumos da minha vida. Descobri o Brasil, aceitei a minha homossexualidade e mergulhei no movimento de solidariedade com o povo chileno.

Tive sorte. Minha família, de classe média-média, me criou numa igreja protestante (os Quacres), bastante aberta e progressista, de Baltimore, Maryland. Assim, pude desenvolver uma sensibilidade pela justiça social desde muito jovem. No colégio, desde os 14 anos, fui pacifista e ativista contra a guerra em Vietnã. Durante os anos na universidade, viajei como um ritual para protestar em Washington, de seis em seis meses, e estava presente em todas as mobilizações de 1969, 70 e 71, quando milhões convergiram para a Capital Federal. Fui preso várias vezes por ter participado em ações de desobediência civil. Fazia parte do momento que vivia.

No verão de 1971, fui para o México com o objetivo de aprender espanhol. América Latina será a próxima

Vietnã, pensava eu, e muitos outros nos Estados Unidos. Era nosso dever, como "radicais" norte-americanos, militar dentro do "ventre da besta", como dizíamos naquela época. A escola de línguas, no México, também acolhia o Centro de Documentação (CIDOC), um tipo de escola alternativa, onde as ideias de Fidel, Che, Paulo Freire e outros circularam em cursos orientados para conscientizar gringos que queriam entender a América Latina. Deu certo. Me conscientizei.

Após terminar a faculdade (ciência política e literatura alemã), resolvi morar com sete outros jovens num coletivo em Filadélfia. Era uma casa grande num bairro de porto-riquenhos e negros. Organizamos, então, um grupo de estudos sobre América Latina. Escolhi o Brasil. Me lembro de uma entrevista cedida em 1972, por Jean Marc Van der Weid, e publicada em inglês no Canadá. O ex-presidente da UNE, exilado, explicava a história da entidade, a situação do movimento estudantil até 1969 e a conjuntura revolucionária. Jean Marc era bastante otimista em relação à revolução iminente no Brasil. O livrinho incluía uma lista com os nomes das várias organizações da luta armada. Tantos grupos, pensei. Mas, queria participar. Era uma combinação de romantismo juvenil e um desejo verdadeiro de fazer parte de uma transformação revolucionária.

Entrei em contato com o Comitê Contra a Repressão no Brasil (CARIB), em Washington, organizado em 1971 por Marcos Arruda, Harry e Loretta Strharsky, Phil Wheaton e outros para protestar contra a visita do Presidente Médici à Casa Branca de Richard Nixon. Conheci Marcos, ex-preso político, carismático, com uma fala clara e convincente. O grupo estava organizando uma campanha pela libertação de Manoel da Conceição, militante de Ação Popular, preso, torturado, camponês digno. Eu me ofereci para ajudar a circular o abaixo-assinado na Filadélfia. Foi difícil. Mesmo dentro da esquerda, a informação sobre o Brasil era esparsa.

Sofri, não somente por causa da dificuldade em explicar a situação no Brasil para um público bem intencionado, mas pouco informado, mas também porque estava numa luta interna para assimilar e aceitar a minha homossexualidade. Desde jovem conhecia os meus desejos, mas as implicações me causaram um grande pânico e a sensação que seria condenando a uma vida marginal e patética. Queria uma família, filhos e uma vida "normal", apesar das minhas aspirações revolucionárias. As imagens de homens homossexuais me causavam pânico. Por isso fugi da minha realidade durante anos.

Em 1973 também convergia uma aceitação interna e o encanto de conhecer a cultura brasileira. Um carinho, um amor, uma afeição, uma corporalidade que eu desconhecia, mesmo sendo parte da "contra-cultura" norte-americana e de uma geração que rompia com o comportamento tradicional do meu país. Sabia que precisava conhecer o Brasil para entender as pessoas e a cultura tão especial e intangível que me acercavam.

Logo houve o golpe no Chile e uma militância 24-7. Protestos, atos beneficentes, vários concertos dos Grupos Quilapayan e Inti-ilimani para animar e mobilizar. A energia de 1.000 pessoas em um concerto em São Francisco gritando "o povo unido jamais será vencido". Um otimismo dentro de uma derrota.

Em setembro de 1975, com uma postura bastante ousada, organizei junto com outros militantes do movimento a "Noite de Solidariedade Gay com a Resistência Chilena". Música, poesia, arte, filmes e discursos. Juntamos 350 pessoas em São Francisco e mandamos $1.000 para o Movimento da Esquerda Revolucionária (MIR) do Chile. Acho que foi primeiro ato desse conteúdo político no mundo.

A decisão de viajar para o Brasil em 1976 foi um acerto. Saí, dos Estados Unidos, em um período de declínio da política social para outro em ascensão no Brasil. Quando cheguei em São Paulo, a cidade estava tomada por uma grande mobilização. "Porra, até gringos estão aqui hoje contra a ditadura", ouvi um jovem comentar ao notar o meu sotaque carregado, quando gritava as consignas no Viaduto do Chá, no centro de São Paulo, durante as passeatas para libertar os estudantes e operários presos e torturados em 1977.

A vida é cheia de acasos e eu tive o privilégio de ter muitos bons acasos no Brasil. Por acaso conheci uma pessoa no Rio que me levou para o teatro em São Paulo. Por acaso alguém que trabalhava nesse teatro me viu e queria me conhecer. Por acaso ele tinha um pretexto convincente e marquei um encontro com ele. Por acaso ele também estava se acercando de uma organização da esquerda semiclandestina. Tivemos (não por acaso) um namoro semiclandestino. Por sorte, e não por acaso, entrei na Liga Operária/Convergência Socialista, naquela época a única organização de esquerda que, por acaso, oferecia uma margem de abertura para as discussões sobre a homossexualidade.

Por sorte, e também por acaso, conhecia a pessoa que tinha tentado formar o primeiro grupo de gays e lésbicas politizados no Brasil, em 1976, antes da minha chegada em São Paulo. Ingressei em outra organização política que deu luz ao Grupo Somos de Afirmação Homossexual. Durante dois anos dava aulas de inglês e militava nas Ciências Sociais na USP, na campanha da legalização do PT — no diretório da Bela Cinta —, e no Grupo Somos.

Foram os melhores anos da minha vida. Também dolorosos, pois divergências políticas provocaram um racha dentro do Grupo SOMOS, após a participação de um grande setor do grupo no Primeiro de Maio de 1980, em São Bernardo. "Contra a discriminação dos/das Trabalhadores/as Homossexuais" proclamava a nossa faixa vermelha de 10 metros, quando entramos no Estádio Vila Euclides. "Porra, até viados e sapatões estão aqui hoje contra a ditadura", alguém deve ter dito naquele dia.

Saí do Brasil em 1982 para morar em Los Angeles, onde apliquei tudo que tinha aprendido no Brasil como dirigente sindical e organizador nas comunidades de imigrantes latino-americanos. Mais alguns anos de militância 24-7, até um dia desisti. Não podia imaginar uma revolução iminente na minha terra. Ganhava pouco, não tinha poupanças, nem seguro social e queria voltar para o Brasil.

Resolvi voltar às minhas raízes de classe média-média. Os meus pais e o meu avô eram professores nas escolas públicas de Baltimore e, quando eu era jovem, jurava que jamais seria professor. Mas, a única acumulação de capital que eu tinha apontava para o ofício professor — tudo que aprendi no Brasil, nos bairros latino-americanos e na militância revolucionária me serviria muito nessa nova profissão.

Acabei fazendo o doutorado em história do Brasil. Aliás, me pagam para estudar e ensinar algo que amo profundamente: a complexidade da cultura e história brasileira. Depois de trabalhar oito anos numa universidade estadual da Califórnia, tive sorte em passar no concurso para poder trabalhar na Universidade de Brown, que possui o melhor programa de estudos brasileiros nos Estados Unidos.

Todos os anos faço um seminário sobre o período da ditadura — de Jânio a Sarney (pois é preciso um pouco de contexto antes e depois dos 21 anos no poder). Sempre fica uma extensa lista de espera para participar do seminário, que só tem vinte vagas. Filmes, documentos, artigos, livros, música, contexto, detalhes e debates. Na segunda semana, todo o mundo tem que inventar um personagem e acompanhar aquela pessoa durante o período entre 1960 e 1988. "Qual foi a reação da sua personagem à renúncia de Jânio?". "O que pensava do plebiscito de 1963?". "Gostava do Chico, do Gil, do Caetano ou de todos os três?". Invariavelmente, vários alunos inventam jovens que vão para a clandestinidade ou a luta armada. Outras personagens fabuladas são de famílias humildes que entram nas forças armadas ou que são indiferentes à política. Alguns acabam sendo torturadores. Outros são da classe média que se transformaram em ricos durante o "Milagre Econômico".

Durante o curso assistimos o documentário "Brazil: A Report on Torture", feito por Saul Landau e Haskell Wexler. O filme apresenta entrevistas feitas no Chile em 1971 com presos políticos liberados após o sequestro do embaixador suíço, em dezembro de 1970. Os personagens do documentário encenavam as práticas de tortura que sofreram na prisão. O protagonista do filme é Maria Auxiliadora (Dedora) Barcelos Lara, mineira, estudante de medicina, militante de COLINA e VAR-Palmares.

Uma das minhas estudantes, Lanna Leite, cuja mãe é mineira, não podia fugir das imagens de Dedora, e resolveu fazer um documentário sobre ela. "Por que?", todo o mundo perguntou a ela. "O que é que você está buscando, tentando recuperar a história da vida dela?".

Penso que ela, muitos jovens no Brasil e pessoas que se interesse no Brasil de outras terras querem aprender mais sobre os momentos históricos dos anos 60 e 70, para entender por que uma geração riscou tudo, até as suas vidas, para mudar o país. Hoje é difícil imaginar uma transformação social total. A curiosidade sobre o passado em parte é um desejo de compreender e talvez recuperar o idealismo que levou uma geração de entregar-se totalmente para uma causa. "Ousar lutar, ousar vencer" é um conceito poderoso.

Em outubro de 2013, Paulo Abrão, o então Presidente da Comissão de Anistia, visitou a Universidade de Brown, para homenagear um grupo de norte-americanos e brasileiros que fizeram as campanhas contra a ditadura nos Estados Unidos, nos anos 1970, especialmente as atividades contra a tortura. Um curto-metragem sobre Dedora feito por Lanna Leite ganhou um prêmio naquele evento. Logo depois de terminar a faculdade, a jovem cineasta, determinada para seguir aprendendo sobre a vida de Dedora, que se suicidou no exílio em Berlim em 1976, resolveu viajar para a Alemanha e pesquisar mais sobre esta revolucionária.

O evento com a Comissão de Anistia também trouxe outros resultados que eu não esperava em 2013. Três anos depois, juntei-me a centenas de outros acadêmicos que trabalham no Brasil e a igual número de brasileiros que vivem nos Estados Unidos para nos mobilizarmos contra o impeachment da presidente Dilma Rousseff.

Após a eleição de Bolsonaro em 2018, organizamos um encontro nacional na Faculdade de Direito da Universidade de Columbia para fundar a Rede nos Estados Unidos pela Democracia no Brasil. Nos quatro anos seguintes, coordenamos milhares de atividades em todo o país em solidariedade às forças democráticas no Brasil.

As 200 pessoas reunidas em Nova York também aprovaram a ideia de fundar um escritório em Washington para se concentrar na defesa da democracia brasileira no berço do poder político dos EUA.

E em 2021, tivemos a sorte de contratar Paulo Abrão como Diretor Executivo do Washington Brazil Office. No ano seguinte realizamos uma intensa campanha nos Estados Unidos denunciando o "Trump dos Trópicos". O destaque de nossas atividades foi a organização de uma delegação de representantes de 20 ONGs brasileiras, que viajou a Washington para conversar com parlamentares, representantes do Departamento de Estado e da Casa Branca, além da Comissão Interamericana de Direitos Humanos e da Organização dos Estados Americanos. Eles alertaram os formuladores de políticas dos Estados Unidos sobre as sérias ameaças à democracia brasileira.

A resposta foi muito melhor do que poderíamos ter imaginado. O governo Biden, bem como importantes membros do Congresso, enviaram mensagens claras de que o governo dos Estados Unidos tinha confiança na democracia brasileira e no processo eleitoral e não aceitaria quaisquer tentativas de Bolsonaro ou das Forças Armadas para realizar um golpe. Biden reconheceu imediatamente o resultado das eleições e parabenizou Lula, 38 minutos depois de ter sido anunciado que ele havia sido eleito presidente.

Tal como nos Estados Unidos, a extrema direita brasileira não aceitaria os resultados, e todos sabemos o que aconteceu em 8 de janeiro de 2023. Se os militares não estivessem divididos e se Trump, em vez de Biden, fosse o presidente dos Estados Unidos, é possível que o Brasil viveria novamente sob uma ditadura militar.

Tenho feito trabalho político relacionado ao Brasil há mais de cinco décadas. Meus amigos brasileiros são essenciais para sustentar minha energia e dedicação. Há cinquenta anos, fui motivado por um romantismo ingênuo sobre uma futura revolução brasileira.

Hoje sou muito mais pragmático e concreto. Na sala de aula tento educar as pessoas sobre um país, sua história, seu povo e sua cultura sobre os quais os americanos ainda sabem tão pouco. Em meu trabalho político, busco alianças estratégicas com movimentos sociais brasileiros para nortear meus objetivos e atividades.

A ingenuidade juvenil se foi, mas a paixão permanece.

O BRASIL QUE NÓS PERDEMOS: 50 ANOS DE UM SONHO

JOÃO VICENTE GOULART

1º DE ABRIL DE 1964.

O tormento da opressão começa a tomar conta das ruas das cidades brasileiras. As tropas de Mourão Filho se insurgem em Juiz de Fora no dia 31 anterior começando ali a derrubada de um sonho nacional de transformação de nossa sociedade em busca da emancipação política, econômica e social através da propositura das "Reformas de Base" do Governo do Presidente João Goulart.

Poucos dias antes, em comício na praça pública, Jango anunciava as medidas que transformariam o país com independência, orgulho e brasilidade, através dos desafios das "Reformas de Base", diante de um Mundo ideologicamente dividido, na época da Guerra Fria, fazendo do Brasil uma potência emergente diante do grande sonho nacional de soberania e orgulho de uma Nação que começava a transformar o sonho em realidade e a sua história de submissão em liberdade e autonomia. Os jornais estampavam em manchetes: "O POVO COM JANGO COMEÇA AS REFORMAS...".

Os anos 60 eram vividos em uma permanente ebulição cultural, política e filosófica que tomava conta do país; o Cinema Novo, a Bossa Nova, o Teatro de Arena e outras manifestações debatiam o país nas esquinas dos teatros, nas universidades, nos sindicatos e nas associações de classe.

As propostas de transformação social iam acontecendo através da UNE, do CGT, dos comícios em praça pública, nos debates corriqueiros dos bares, nos salões, em todos os lugares onde havia uma conversa entre amigos debatendo a Nação; aquela nova Nação ia surgindo no ideário da população brasileira.

Buscavam-se soluções avançadas para um novo modelo de educação, de economia, de cultura, de desenvolvimento econômico e de nacionalidade que brotava nas mentes e nas ações dessas entidades, formadas por jovens e operários, artistas, estudantes e donas de casa, nos movimentos populares, nas associações de bairro que juntos construíam o ideário de um país mais justo, mais equitativo, mais distributivo, mas principalmente mais solidário e mais brasileiro.

O sonho era coletivo, abrangente, quase mágico na proposta de uma verdadeira transformação que requeria, inclusive, novas cláusulas constitucionais à nossa Carta de 1946. O Brasil queria avançar, desenvolver-se, desatar suas amarras quebrando paradigmas que o atavam ao arcaico modelo econômico de privilégios e preso nas entranhas de suas elites.

A Nação estava pronta para transformar o sonho de justiça social em realidade, com o povo, para o povo, de braços com "o povo na praça que é do povo e só ao povo pertence", "com o governo que também é do povo também só ao povo pertence" diminuindo o gigantesco abismo entre aqueles poucos que tudo tinham e aqueles muitos que nada possuíam na distribuição e participação das riquezas de nossa Terra.

O país queria uma nova proposta social que abrangesse os marginalizados, os analfabetos, aqueles que não tinham voz, aqueles que não tinham teto, aqueles que não tinham terra, aqueles que não tinham crédito, aqueles que não tinham educação primária e muito menos universitária, aqueles que nem se quer possuíam esperança diante de um modelo econômico de monopólios, trustes e oligopólios multinacionais e que, apenas consideravam a classe trabalhadora brasileira e a força de seu trabalho como mais um índice de custo na rubrica "insumos".

Sequer tínhamos 13° salário. Foi o governo Jango que obteve essa conquista com muita dificuldade. Com a grande imprensa contra, com o empresariado contra, com parte do Congresso contra, mas a luta valeu a pena, ou não?

O povo, na rua, queria junto ao seu governo, uma série de reformas estruturais para modernizar e desenvolver o Brasil.

Entre elas se discutia a reforma agrária, um sonho da Nação, uma das bandeiras que mexia com ânimos acirrados daqueles que detinham a terra apenas como mais um ativo, sem se importar se ela cumpria ou não sua função social de estar a serviço do desenvolvimento e da produção. Tínhamos na época 25% da população morando nas cidades e 75% no campo; hoje, 50 anos depois, temos uma situação invertida, a violência nos cinturões urbanos e a Reforma Agrária se transformaram em grandes contingentes de seres humanos abandonados em assentamentos e nas cidades, sem empregos e sem produção, sem mercado, sem assistência e sem dignidade. Ocorre que, o que está acontecendo no Brasil é uma mera distribuição de terras, e não uma reforma agrária propriamente dita, colocando-se contingentes humanos longe dos centros de consumo e sem a mínima assistência gerencial e de planejamento.

A reforma urbana se debatia profundamente e após o grande encontro sobre o tema no Palácio Quitandinha em Petrópolis em 1963, quando o governo então partia para o controle dos aluguéis para combater a especulação imobiliária, de pessoas físicas e de empresas que detinham milhares de imóveis fechados pressionando desta forma a alta inflacionária.

Debatia-se a "Reforma Política"

A reforma política que traria para todos os brasileiros os mesmos direitos políticos e eleitorais, inclusive o voto do analfabeto, se faz, 50 anos depois tão necessária quanto outrora, pois nos dias de hoje, sem ela, o descrédito de nossos políticos é uma constante na avaliação de nossa população. Uma profunda reforma política e eleitoral para tentar valorizar o Congresso Nacional diante dos exorbitantes custos de uma campanha eleitoral, onde nossos parlamentares se tornam empregados e representantes, não do povo, mas do grupo econômico que os elege é de fundamental importância diante da vergonha dos milhões necessários para eleger um parlamentar brasileiro.

Há 50 anos debatíamos a reforma educacional. Sonhávamos em acabar com o analfabetismo. Nada mais justo, digno e essencial que o investimento de um país com educação carente. A LDO, lei de diretrizes orçamentárias enviadas por Jango em seu governo ao Congresso nacional em 1964, destinava 12% do investimento público nacional à educação. E, sem dúvidas, o maior retorno que um país pode ter como investimento é feito na formação cultural e intelectual de seu povo, na educação básica, média e universitária. Não se desenvolve um país onde seus quadros não estejam capacitados para acompanhar o desenvolvimento tecnológico e o progresso da Nação. 50 anos depois não custa fazer uma reflexão acerca de nossos grandes educadores, Paulo Freire,

Anísio Teixeira, Darcy Ribeiro e outros, pensadores incondicionais daquele governo que sonhava junto ao seu povo.

Debatia-se a reforma tributária injusta e desproporcional para com aqueles que deixam seu suor e seu sacrifício em contribuição ao desenvolvimento nacional e procurava-se um modelo de tributar mais o patrimônio e não os assalariados. 50 anos depois o país possui uma das mais altas cargas tributarias do Mundo e, em contrapartida, temos como retorno a saúde pública mais dolorosa e desumana já vivida por esse país em toda sua história, um caos. Para aqueles que contribuem por mais de 35 anos ao Estado brasileiro sobra uma previdência insuficiente para se sobreviver com as respectivas aposentadorias.

O Governo João Goulart debatia e propunha a reforma bancária; uma necessidade de enfrentamento da sociedade brasileira se quiser avançar no financiamento do desenvolvimento humano, pois antes dos grandes lucros e números empresariais, um país hoje se mede socialmente pelo seu IDH. Antes de qualquer formulação, vejamos o multimilionário lucro bancário no Brasil. De 2003 a 2010 os lucros dos cinco maiores bancos — Itaú, Banco do Brasil, Bradesco, Santander e Caixa Econômica Federal — elevaram-se de R$ 11,1 bilhões para R$ 46,2 bilhões. Ou seja, em sete anos, elevação sustentada, à média de 17,7% ao ano, ou seja, 313%. Em termos reais (correção pelo IPCA): 12,1% AA., acumulando 222%. Isso sem serem obrigados a reinvestir qualquer centavo em programas sociais, pois qualquer programa, inclusive habitacional, crédito da agricultura familiar e outros necessários ao desenvolvimento social são custeados pelo Tesouro Nacional. Não bastasse isso, as taxas pagas pelos usuários em qualquer banco é simplesmente um assalto à mão armada, legalizado, consolidado e sem reclamações.

Dia desses olhando o extrato de minha enteada, em um dos saques efetuados (R$ 42,55) a instituição pagou a descoberto (R$ 2,55), pois o saldo dela era somente de quarenta reais. Pasmem, quando caiu no mês seguinte o valor de seus pequenos proventos, o banco cobrou de "adiantamento de descoberto" a importância de R$ 35 (trinta e cinco reais, um verdadeiro assalto para quem pagou R$2,55 a descoberto). Processá-los? Seria necessário um conjunto de medidas e ações por parte do Estado, pois ninguém em sã consciência acionaria essas corporações com custos elevados e seus grandes advogados. Temos que aprofundar um grande debate nessa reforma tão necessária para uma melhor distribuição do crédito no Brasil. A dívida pública vem sangrando a capacidade de investimentos e está na hora destes lucros exorbitantes, que nada produzem, passem a fazer parte do benefício público de todos os cidadãos que fazem parte da nossa Nação. A questão é tão absurda quando se trata de lucros bancários que podemos fazer a seguinte comparação, já divulgada em outros meios de comunicação: se um correntista tivesse depositado R$ 100 (Cem reais) na poupança no dia 1º de julho de 1994 (data de lançamento do real), teria hoje na sua conta R$ 374 (trezentos e setenta e quatro reais). Se esse mesmo correntista tivesse sacado os mesmos R$ 100 no cheque especial, na mesma data, teria hoje uma dívida de R$ 139.259 (cento e trinta e nove mil e duzentos e cinquenta e nove reais) no mesmo banco. Em 1964, quando Jango tocou na Reforma Bancária, prontamente esses lucros colocaram-se ao lado do Golpe de Estado e financiaram ações desestabilizadoras de nossa democracia. Humanizar o "lucro" é um desafio das novas gerações que visualizam a acumulação de capital através do lucro fácil sem a "mais-valia" na composição do resultado que passa pela força do trabalho, é mais um engodo do capitalismo internacional que a cada dia continua a marginalizar mais contingentes humanos, sem alternativa de sobrevivência. A fome no Mundo já atingiu 1/3 da humanidade e está aumentando cada dia mais. É hora de responsabilidade, solidariedade e desafios de contestação a essa monstruosidade chamada "LUCROS" a qualquer preço, a qualquer custo, em nome da livre iniciativa. Vidas humanas estão sendo ceifadas pela desnutrição, pela morte de milhares de crianças soterradas não por terremotos, mas pela voracidade daqueles que constroem o modelo dos "lucros" escorchantes intermediando o capital, enterrando a esperança.

Debatíamos a soberania, pois a soberania há 50 anos é a mesma e unívoca soberania que a defesa de nossas riquezas e identidade nos impõe, nos obriga e nos eleva a esta defesa, mesmo meio século depois, sermos brasileiros. A autodeterminação dos povos fazia parte de nossos sonhos.

A verdade é que em 1964 o Brasil perdeu a guerra fria

Naquele momento do Golpe de 1964 perdíamos a soberania. O Brasil de hoje precisa entender a extensão da derrota que sofremos. Como aconteceu a perda de nossa autodeterminação e de nossa soberania? Precisamos entender que nossa submissão à potência hegemônica do Império foi resultante de uma estratégia de Guerra.

De uma guerra que perdemos.

Jango diminui o tamanho da derrota do Brasil com seu exílio voluntário em 1º de abril de 1964, conservando nossa territorialidade e impedindo a guerra de sangue. Porém, o que precisamos entender é que a queda do governo de João Goulart representou um dos ápices da guerra fechada promovida contra a América Latina. O Brasil era um dos principais baluartes da democracia, da autodeterminação e Independência dos povos. A queda do Brasil teve um efeito dominó sobre as demais democracias latino-americanas.

Hoje, 50 anos depois, é uma necessidade voltarmos a defender a "Reforma do Estado Brasileiro", é uma necessidade fazermos o desenvolvimento econômico da Nação, é uma necessidade o debate, a reflexão e a construção de uma história suportada em verdades que possam cicatrizar as feridas do passado.

Retomar o sonho depois do pesadelo

A lembrança dos companheiros que tombaram pelo caminho da redemocratização nacional, a revisão de nossa história, a retomada dos caminhos que nos levam ao aprimoramento social, a união das forças progressistas, no sentido de romper barreiras ainda enraizadas de privilégios e benesses das elites, são premissas de nossas responsabilidades cidadãs e de nossas convicções que não podemos ceder diante das dificuldades ainda maquiavélicas das distorções sociais, políticas, judiciárias, midiáticas e injustas que o atual modelo ainda privilegia em detrimento da maioria absoluta de nosso povo.

Há 50 tínhamos um sonho...
Tivemos um pesadelo, mas ainda não acordamos.
O sonho não acabou.
Sem sonhos não existem conquistas.
O Brasil de nossos sonhos existe.
Vamos acordar!
50 anos depois...

REPARAÇÃO PSICOLÓGICA: O TESTEMUNHO COMO LUGAR DE ENUNCIAÇÃO ÉTICA

VERA VITAL BRASIL

Por aí dizem que quem esquece sua história está destinado a repeti-la. A memória é parte do que somos agora e, o que é maisimportante do que conhecermos a nós mesmos?

VERA VITAL BRASIL

A NEGAÇÃO E O SILENCIAMENTO, o estímulo ao esquecimento sobre os trágicos acontecimentos ocorridos durante o período ditatorial, que compuseram as políticas de apagamento no país, explicitam os efeitos danosos estruturais que marcam nosso presente e que facilitaram a ascensão do governo neofascista dos últimos quatro anos, comprometendo a democracia que tentava ganhar folego.

O contexto político da primeira década seguido de alguns anos, acompanharam um momento fértil na América Latina em que a criação de iniciativas estatais no campo da Justiça de Transição indicou mudanças no panorama, até então, desértico em ações estatais em Direitos Humanos. Recuperar a memória do que foi conquistado permite dar visibilidade no que se avançou neste período e identificar as lacunas que permaneceram, e que se acentuaram no processo de desmonte e destruição que se seguiu. Lacunas que precisam ser enfrentadas para encontrarmos instrumentos que reativem e ampliem o escopo das medidas de transição e fortalecer a democracia.

Atravessamos tempos complexos, de avanços e retrocessos em políticas públicas em que regimes se alteram, sofrem modulações que se fazem por efeitos da política externa e interna, como evidenciam os estudos recentes que incluem a guerra hibrida para alcançar este fim (Lifschitz, 2019). Tendo como instrumento o Lawfare em pleno funcionamento nos países da América Latina, o Brasil foi por ela atingido. Uma estratégia exitosa que permitiu a ascensão pela via eleitoral de um governo de características fascistas, responsável pelo ataque às políticas de Direitos Humanos e por um alastramento das produções de subjetividade de cunho conservador e extremista, em que o ódio impulsiona a violência e destruição.

No momento que em breve completaremos a data simbólica dos 60 anos, com ações de repúdio ao golpe civil militar e seus efeitos nefastos no conjunto da sociedade, algumas perguntas se colocam. Se há dez anos atrás, os 50 anos e a Comissão Nacional da Verdade e suas congêneres estaduais, municipais e setoriais contribuíram para marcar um momento de mobilização de vários setores sociais, até então adormecidos, produzindo avanços em Memória e Verdade, em que patamar se dará a mobilização social e a esperada prestação de contas do Estado sobre a transição para a democracia?

Estamos num outro momento, no início do percurso da "volta" dos tempos de trevas, segundo o nosso presidente, e é preciso voltar nosso olhar ao passado mais distante e mais recente; fazer memória do que fomos e do que somos, do que foram e o que são atualmente as políticas de reparação. Contrapondo-se aos discursos negacionistas que predominaram nos últimos 4 anos, o ministro de Direitos Humanos e Cidadania declara que reconhece a fragilidade da democracia, a importância de se levar em conta a violência do passado de tempos mais longínquos e mais recentes, e tem afirmado o compromisso desse governo com as diretrizes das Recomendações do Relatório Final da Comissão Nacional da Verdade, um dos mecanismos de reparação instaurados pelo Estado brasileiro.

Recuperando de modo muito breve, as iniciativas sobre a reparação integral às vítimas, medida indispensável à construção democrática pelo reconhecimento estatal dos danos provocados pela violência do regime autoritário, e na utopia do "Nunca Mais", foram três os organismos criados pelo Estado que se articulam nesta missão[1]. Destaco o Projeto

1 Desde 1995, a Comissão Especial sobre Mortos e Desaparecidos Políticos, encarregada de esclarecer as circunstâncias que levaram aos desaparecimentos e mortes de opositores políticos à ditadura, anunciou o compromisso de reconhecimento dos graves crimes cometidos por agentes do Estado brasileiro, guardando a especificidade deste público alvo em suas ações. Mais adiante, através da Lei nº 10.559/2002, foi criado o segundo organismo de reparação, a Comissão de Anistia, que ampliou o direito à reparação ao conjunto dos perseguidos políticos durante o período ditatorial e, em 2007, assumiu a tarefa de introduzir novas modalidades, ações e medidas em direção à reparação integral, já que nos primeiros anos o seu funcionamento esteve voltado para a compensação econômica. Por sua vez, a Comissão Nacional da Verdade, instalada em 2012 no horizonte dos 50 anos do golpe civil militar, investigou as graves violações de DH, lançou seu Relatório Final com 29 Recomendações ao Estado brasileiro.

Clínicas do Testemunho como uma modalidade de reparação instituída e que teve um curto período de existência. Interrompida em concomitância às outras iniciativas de reparação integral desenvolvidas na Comissão de Anistia, o Projeto lançou sementes, tomando a experiência do testemunho como um dispositivo de resistência ao período de trevas pelo qual atravessou o país, como um instrumento de escuta clínica e capacitação, de construção de memória em territórios de população em situação de vulnerabilidade[2].

Em 2013, há exatamente uma década, o Estado brasileiro, através da Comissão de Anistia do Ministério da Justiça, ampliando as medidas de reparação em curso, reconheceu pela primeira vez os danos psíquicos da violência do Estado no período ditatorial ao dar início ao projeto de reparação psicossocial, intitulado "Projeto Clinicas do Testemunho". Na ocasião, então presidente do projeto, declarei:

> O atendimento clínico às vítimas dos danos produzidos pela violência do Estado brasileiro é necessário para que se busque a reparação plena. Uma reparação apenas nos campos financeiro e moral deixa uma fissura no campo psicológico que precisa ser estudada e erradicada por meio de uma política pública de qualidade. O Estado tem a obrigação de prestar apoio psicológico aos cidadãos atingidos por graves violações dos direitos humanos (Abrão, 2015).

2 As equipes clínicas mantiveram viva a experiência do Projeto e multiplicaram suas ações. No Rio de Janeiro com o NAPAVE, Núcleo de Apoio Psicossocial a Afetados pela Violência de Estado; no Rio Grande do Sul e Santa Catarina com o Coletivo Testemunho Ação/SIG; em São Paulo com a Rede para Escutas Marginais (REM) e o Aquilombamento nas Margens.

Com o objetivo de contribuir para a criação de uma política nacional, através de dois editais públicos, o projeto mobilizou equipes de profissionais do Rio de Janeiro, São Paulo, Rio Grande do Sul e Santa Catarina, e atendeu anistiados, anistiandos e seus familiares com resultados significativos durante cinco anos. Desenvolveu atividades de atenção e capacitação, de produção de conhecimentos, de acompanhamento de testemunhas junto às Comissões da Verdade, de mobilização e difusão do Projeto por intermédio de dispositivos inovadores, como as Conversas Públicas, que se expandiram para o interior e para outros estados[3]. Nos dois últimos anos, tomando como referência a experiência em curso, desenvolveu junto aos profissionais do SUS e do SUAS um programa de capacitação para que a atenção a afetados pela violência estatal fosse estendida aos setores atualmente atingidos[4].

Durante este período, não passou desapercebido o fato de que as inquietações e desconfianças dos perseguidos pela ditadura, acerca do real compromisso do Estado em reparar as vítimas sobreviventes, familiares de mortos e desaparecidos, geradas por tantos anos de ausência de políticas de reparação, começaram a ser quebradas.

O dano subjetivo das vítimas da repressão, traumas produzidos por uma desterritorialização perduram no tempo e

3 Durante os cinco anos de funcionamento foram atendidas 668 pessoas em atendimentos individuais e grupais; 2477 profissionais capacitados, 6 livros publicados, 6 vídeos e 4 documentários.

4 Programa que Comissão de Anistia, em parceria com o Conselho Britânico, através do Fundo Newton, uma iniciativa governo britânico que visa promover o desenvolvimento social e econômico dos 15 países parceiros, por meio de pesquisa, ciência e da tecnologia, desenvolveu o Programa "Centros de Estudos em Reparação Psíquica", CERP.

se manifestam durante anos, transmitindo-se às gerações. A experiência traumática não se desfaz com a mudança de regime político, perdura na ausência de suportes de escuta. Entretanto, com a implantação de políticas reparatórias, a possibilidade de testemunhar mobilizou o desejo da verdade e justiça, abriu uma comporta de informações para registro nas Comissões, contribuiu para construção da memória individual e coletiva e produziu efeitos subjetivos significativos.

O acolhimento clinico através do Projeto Clínicas do Testemunho, o ato de testemunhar junto às Comissões da Verdade, com acompanhamento por membros das equipes Clínicas, foram decisivos em restituir a dignidade dos afetados e para que os laços sociais esgarçados pela violência pudessem ser reconstruídos. A dor da violência sofrida pelo acontecimento brutal até então silenciado, privatizado, percebido de forma individualizada, ao ser reconhecido quer por profissionais de psicologia, quer por autoridades estatais — como instituído nos julgamentos das petições de anistia com a formalização do pedido de desculpas —, pode ser ressignificada, ganhar novos sentidos. A memória individual adquiriu um novo sentido na construção da dimensão coletiva. (Vital Brasil; Rousseaux; Conte, 2019).

Suportes históricos são necessários para que a palavra ganhe expansão através de acontecimentos e políticas públicas que reconheçam o dano (Miodownik; Vital Brasil, 2022). Suportes que permitam uma escuta qualificada das testemunhas, dispositivos clínicos que reconheçam a verdade de que o sujeito é portador quando submetido à violência do terror estatal. Uma escuta que contribua para recuperar a dignidade que lhe foi cassada e que seja facilitadora para a elaboração psíquica do trauma vivido. Assim, o sujeito portador de um trauma poderá reorganizar seu campo afetivo, até então aprisionado ao passado, ressignificar a experiência vivida, dando lugar ao sujeito político. Como afirma Barbara Conte, "as ligações psíquicas se retraduzem em uma temporalidade que não é linear, nem literal. Nunca mais serão as mesmas" (2014). A escuta clínica sustenta a dimensão intersubjetiva de uma ação ética que produz mudança.

No texto único de cada narrativa testemunhal desponta um sujeito singular que se produz na diferença do que foi e do virá a ser. O ato de testemunhar, portanto, cria ação, restaura o pensamento. Nesse sentido, o "ato de criação é um ato de resistência, potência de vida que estava aprisionada", como nos lembra Deleuze (1995, p. 60). Restituir memória, pensamento, conhecimento, direito à fala, são formas de resistência.

Por sua vez, o impacto sobre aqueles que escutam, imprime à narrativa do testemunho a dimensão da memória coletiva, reconstruindo os laços que se haviam rompido. Assim se dá a interseção entre a experiência individual, singular e a coletiva.

Na epígrafe deste texto, recolhida de forma anônima em um espaço de memória de um país latino-americano que viveu a tragédia humana de uma ditadura[5], a frase nos inspira pelo destaque à importância da memória no processo de "conhecermos a nós mesmos", na dimensão coletiva do que somos. Dialoga, por sua vez, com a frase de Guzmán (2010): "os que têm memória são capazes de viver no frágil tempo presente. Os que não a têm, não vivem em parte alguma". Para se viver no presente é necessário conhecer o passado e

5 Extraído em: CORREA, L. *O que esperar das rememorações de 50 anos do golpe chileno?* História da Ditadura. 2 mai. 2023. Disponível em: **https://www.historiadaditadura.com.br/post/o-que-esperar-das-rememoracoes-de-50-anos-do-golpe-chileno**. Acesso em: 4 mai. 2023.

para tal são necessários suportes de memória que possam difundir o que ocorreu e que através da pesquisa, cultura e arte mobilizem o conhecimento do que foi o período autoritário e seus efeitos, visando a desconstrução dos modos de funcionamento repressivo e as marcas do autoritarismo, implantados no regime totalitário e em permanente circulação nas subjetividades.

Também o testemunho enquanto ato público por excelência devolve à história sua dimensão coletiva, instando as autoridades a assumirem a responsabilidade pelas injustiças, exigindo ações e a criação de políticas públicas. Constrói, intencionalmente, em uma postura ética, a Memória Política, instrumento de mudanças (Lifschitz, 2016).

É no campo de forças em tensão permanente em que se disputa um capital simbólico, do qual fazem parte diversos atores, dentre eles as testemunhas, que a função ético-política ativa a memória de tempos passados conectando-as ao presente, impulsionando ações de resistência, ações de solidariedade.

Não há dúvida de que se o Estado assume a responsabilidade de seus crimes através das políticas públicas, o efeito terapêutico que recai sobre os afetados por esses delitos, se articulam de modo radical aos processos de Memória, Verdade, Justiça. Do contrário, os afetados estarão submetidos a uma tramitação íntima dos fatos que, sem ligação com as responsabilidades das autoridades estatais, retornam a um circuito de dor, onde o estatuto simbólico fica seriamente comprometido psiquicamente (Vital Brasil; Rousseau; Conte, 2019).

Ser escutado pelo outro é, portanto, fundamental para aquele que ousou tomar a palavra para narrar o irredutível de sua experiência na tragédia humana, religar os fios de uma vida interrompida e reintegrar-se na comunidade. Uma escuta cujos efeitos se desdobram entre aqueles que marcados pelo relato testemunhal, poderão ser deslocados para novos lugares de pertencimento e de compromisso ético com a "Memória Verdade Justiça".

Trata-se de um compromisso ético assumido pela testemunha ao arriscar-se romper o silêncio e enfrentar a negação; um compromisso em que o pensamento e a dor fazem parte do núcleo ético do sujeito desejante. Um compromisso da testemunha que repercute sobre ela mesma e sobre os que escutam a trágica verdade de que é portadora. Disso se trata a ética do compromisso com o outro.

Sabendo que a memória proporciona vínculos fundamentais e fundantes da ética, não deixaremos de levar em conta a potência da memória das injustiças, uma vez que as lutas e conquistas na construção da verdade sobre o período ditatorial abriram caminho para o reconhecimento estatal com a reparação dos danos decorrentes da violência de Estado.

REFERÊNCIAS

ABRÃO, P. Projeto Clínicas do Testemunho da Comissão da Anistia. In: VITAL BRASIL, V. *et al.* (org.). *Uma perspectiva clínico-política na reparação simbólica:* Clínica do Testemunho do Rio de Janeiro Brasília: Ministério da Justiça, Comissão de Anistia. Instituto Projetos Terapêuticos, pp. 6, 2015.

ATHAYDE, Tristão de. *Vae victis! (Ai dos vencidos!)*. Rio de Janeiro: Jornal do Brasil, 18 jun. 1970.

CONTE, B. *Clínicas do Testemunho*. Reparação Psíquica e Construção de Memórias. Porto Alegre: Criação Humana, 2014.

DELEUZE, G. *Abecedário*. Paris: Editions Montparnasse, 1995.

GUZMAN, Patrício. *Nostalgia da Luz. Documentário*. França, Chile, Espanha, Alemanha, EUA. 2010.

LIFSCHITZ, J. A. *Brasil, política e vertigem*. E-L@tina, Revista Eletrónica de Estudios Latino-americanos, ISSN 1666-9606. Buenos Aires v. 17. n. 68, 2019.

LIFSCHITZ, J. A. Em torno da Memória Política. In: DODEBEI, V.; FARIAS, F. R.; FARIAS, J. (org.). *Por que Memória Social?*. 1.ed. Morpheus: revista de estudos interdisciplinares em memória social, Rio de Janeiro v. 9, n. 15, pp. 67-82, 2016.

MIODOWNIK, B.; VITAL BRASIL, V. *Testemunho:* a psicanálise e a história se encontram. Correspondências. p. 63-79. Revista Trieb. Vol. 21, n. 1, 2022.

VITAL BRASIL, V.; ROUSSEAUX, F.; CONTE, B. *Reparación simbólica en America Latina como Politica de Estado.* La experiencia de asistencia a victimas en Brasil y Argentina. Clepsidra. Revista Interdisciplinaria de Estudios sobre Memória 6(12), p. 90-107, 2019.

2024
NÃO HÁ DE SER INUTILMENTE

60 ANOS DO GOLPE
E 45 ANOS DA ANISTIA

Lutava pela vida
conspirava e agia
não tive dor
só o medo
quando a polícia chegou.

Pensei lutar reagir
contive vontade, fugir
não dava e fiquei.

Torturas, apanhar vivi
dias e noites sem fim
fraqueza tontura,
contar o que, pra quê?
Resisti.

Então um dia qualquer
um baque mais forte senti
algo quebrou dentro de mim
morrendo morrendo esvaí
o sangue o sumo a cor
morrendo morrendo esvaí

Não sei se o mundo sumia
ou se era eu que partia
pra um sono profundo demais

Eu nunca acordei e meu corpo
foi posto no fundo do mar

Desaparecido a família
ainda hoje quer
me...,
en-
con
trar.

DESAPARECIDO
CHICO MÁRIO

LEMBRAR PARA QUE NUNCA MAIS ACONTEÇA!

DULCE PANDOLFI

DA DITADURA IMPLANTADA NO NOSSO PAÍS em 1964 guardo muitas lembranças. Ela atravessou minha vida dos 15 aos 36 anos. O direito de votar para presidente da República só pude exercer com mais de 40.

Das minhas muitas tristes lembranças da ditadura, algumas são muito fortes.

Se o golpe de 64 foi um grande divisor de águas na história do país, ele, também, foi na minha trajetória. Em Recife, Pernambuco, minha terra natal, eu, com apenas treze anos de idade, era uma entusiasta do governo Jango e do governo Miguel Arraes.

Pernambuco era, no pré-64, um dos estados mais comprometidos com as reformas de base. Ao lado da fiscal, da bancária, da universitária, da urbana, estava a agrária, a mais importante delas. A reforma agrária era considerada condição essencial para que o Brasil, um país chamado subdesenvolvido, entrasse no rol dos desenvolvidos. Só através dela seria possível diminuir as profundas desigualdades econômicas, sociais e regionais que assolavam o país, dominado pelos grandes latifúndios improdutivos, desde os primórdios da sua existência.

Movimentos como as Ligas Camponesas, a União Nacional dos Estudantes, o Movimento de Cultura Popular, a Campanha de Alfabetização de Adultos e personagens como Jango, Brizola, Arraes, Francisco Julião, Gregório Bezerra, Pelópidas Silveira e Paulo Freire, me entusiasmavam.

No pré-64, minha casa era um local de muitos debates. Meu pai fazia parte de um grupo que se reunia nos finais de semana para discutir arte, literatura, música, filosofia e política[1]. Mesmo sem entender muito, eu gostava de ouvir aquelas conversas. Minha mãe, apesar de filha de senhor de engenho, era uma solidariedade só. Costumava dizer que o dinheiro deveria ser usado para ajudar os mais necessitados. Eu estudava num colégio religioso bem tradicional onde diariamente se faziam orações para retirar o Brasil "daquele grande mal, o comunismo". Aquilo me deixava irritada e de forma provocativa eu usava um pequeno broche na blusa, em formato de pá, onde estava escrito: "Arraes para construir".

Nos dias que antecederam o golpe, o clima era visivelmente tenso. Mas, para mim, tudo parecia muito sólido. As forças do progresso, com as quais eu me identificava, iriam derrotar as forças do atraso: o latifúndio e o imperialismo. De quebra, caso houvesse alguma tentativa de golpe, teríamos o apoio das forças armadas que pareciam comprometidas com os ideais nacionalistas e progressistas. Por isso, no dia do golpe, meu mundo caiu. Tudo o que parecia tão sólido, rapidamente se desmanchou no ar.

Lembro-me do corre-corre, dos livros sendo queimados, dos estudantes baleados, da residência do governador cercada pelas tropas militares, do líder comunista Gregório Bezerra

1 Esse grupo de intelectuais criou nos anos 1950, em Pernambuco, o Gráfico Amador, uma pequena editora para produzir livros artesanais.

com uma corda no pescoço, arrastado pelas ruas próximas do meu bairro, em um jipe do Exército brasileiro conduzido pelo coronel Villocq Vianna. Na noite daquele 1 de abril, o governador Arraes foi preso. No dia seguinte, destino igual teve o prefeito de Recife, Pelópidas Silveira.

Já dava para perceber que o jogo ia ser pesado. Como resistir?

Em 1967, entrei na Universidade Federal de Pernambuco, no curso de Ciências Sociais, o destino quase natural para quem queria transformar o Brasil e o mundo. De imediato, passei a atuar de corpo e alma no movimento estudantil. Naquele momento, o movimento estudantil estava tendo um papel chave na luta contra a ditadura. Depois de ter passado pela representação de turma, pelo diretório da faculdade, em 1968 acabei eleita para o Diretório Central dos Estudantes (DCE). Em abril de 1969, Cândido Pinto de Melo, o presidente da União Estudantil de Pernambuco (UEP) foi baleado por agentes da repressão, num ponto de ônibus em Recife e ficou paralítico o resto da vida. No mês seguinte sequestraram, torturaram e assassinaram Padre Henrique, auxiliar de Dom Hélder Câmara, arcebispo da Arquidiocese de Recife e Olinda, um opositor do regime ditatorial.

Com o endurecimento do regime, o movimento estudantil entrou em refluxo. Muitos de nós radicalizamos nossas formas de luta. Naquele momento, as "passagens" eram muito rápidas. Em 1968 eu havia ingressado na Ação Libertadora Nacional (ALN), uma organização que defendia a luta armada para derrubar a ditadura e cujo dirigente principal era Carlos Marighella, assassinado pela ditadura em novembro de 1969.

Estudar havia perdido sentido para muitos de nós. A luta agora era outra. Pouco tempo depois, estávamos sendo perseguidos pela repressão, tendo que viver na clandestinidade.

Era um caminho sem volta. O medo de ser presa e torturada era grande, mas a certeza da vitória final era maior. A música dos meus gurus, Chico Buarque e Caetano Veloso, "mesmo com tanta lama... a gente vai levando essa chama..." embalava meus ouvidos.

Em fevereiro de 1970 vim para o Rio de Janeiro. Em agosto fui presa e levada para um quartel da Polícia do Exército, conhecida como PE da rua Barão de Mesquita, na Tijuca, zona norte do Rio de Janeiro. Era naquele quartel que funcionava o DOI-CODI (Destacamento de Operações de Informações — Centro de Operações de Defesa Interna). Embora existissem centros clandestinos de tortura, como a "Casa da Morte", em Petrópolis, muitos de nós fomos torturados em dependências oficiais do Exército brasileiro e não em "porões" da ditadura. Ali os instrumentos de tortura e os gritos dos torturados se misturavam com as bandeiras do Brasil e com as cantorias do hino nacional.

Passados mais de cinquenta anos, o passado e o presente continuam próximos e misturados. Sem dúvida, de todas as minhas lembranças sobre o período ditatorial, a mais forte é a minha experiência com a tortura. São marcas que estão grudadas no meu corpo e na minha alma. Sobre elas falei no depoimento público que dei à Comissão Estadual da Verdade em abril de 2013. Ali afirmei que ao longo do período ditatorial, a tortura, a morte e o desaparecimento de corpos foram práticas adotadas pelo regime como política de Estado. Por isso, acusei os ex-presidentes da República Castello Branco, Costa e Silva, Garrastazu Médici, Ernesto Geisel e João Figueiredo de serem todos coniventes e responsáveis pela tortura, a despeito das divergências entre eles e das diferentes conjunturas em que chefiaram o país.

Lamentavelmente, com o fim da ditadura, os torturadores não foram punidos. Pagamos um preço alto por isso. Essa não punição fez com que a tortura continuasse sendo praticada em nossa sociedade, sobretudo com a população mais pobre. Essa não punição também desencadeou em novas tentativas de golpe, onde o mais visível foi o de 8 de janeiro de 2023. Por isso, passados 60 anos do golpe de 64, precisamos gritar em alto e bom som: "Ditadura, nunca mais" e "Sem anistia para os golpistas".

LUGARES IMAGINÁRIOS

JESSIE JANE VIEIRA DE SOUSA

JORGE SEMPRÚN, no seu belíssimo livro intitulado "Um belo domingo", publicado no Brasil em 1982 pela Nova Fronteira, descreve seu desencontro com Manuel Azaustre, companheiro com quem havia partilhado o cotidiano no campo de Buchewald, nos alertando acerca da impossibilidade de "descrever de modo convincente a vida nos campos. Seu problema [referindo-se ao seu camarada Manuel Azaustre] talvez fosse ter estado neles e ter sobrevivido".

E prossegue, relembrando outros desencontros com diversos sobreviventes: "mas não é tão simples assim. Teremos realmente vivido uma coisa que não conseguimos descrever nem reestruturar significativamente a verdade, por mínima que seja, tornando-a comunicável?".

Creio que essas observações podem responder à nossa incapacidade de transmitir, de forma inteligível, aquilo que fomos submetidos ao longo da luta de resistência contra a ditadura. E, como ele, pergunto se: "viver realmente não será transformar em consciência – quer dizer, em vida memorizada, ao mesmo tempo suscetível de se transformar em projeção – uma experiência pessoal?".

Por isso busco, nesse pequeno texto, transformar em projeção, como o fez Semprún, duas pequenas histórias para tentar dar "à memória, como testemunho da vida... o tecido da vida".

Tentarei buscar no baú, onde guardo as dores das minhas memórias, as primeiras vivências ao adentrar no sistema penitenciário do estado do Rio de Janeiro. Um período de quase um ano em que vivi isolada, sem receber visitas e presa em uma cela mínima em um pavilhão onde o sistema prisional encarcerava mulheres enquadradas no famigerado artigo 22 do Código Penal, isso é, "mulheres loucas".

São memórias que só podem ser escrutinadas entre nós, que as vivemos e a elas sobrevivemos, o que não será possível nos relatos em tela, porque trata-se de mulheres cujas existências a história não registrou.

Nilse

Era final de uma tarde qualquer de outubro de 1970. O verão no Rio já mostrava a sua cara. De repente o camburão estaciona e sou empurrada para fora.

Era o meu desembarque em Bangu, bairro da zona oeste da cidade do Rio de Janeiro, onde ficava, e ainda fica, a penitenciária feminina Talavera Bruce.

Recebida com deboche por dois guardas penitenciários, que mais pareciam saídos das fileiras da então ditadura haitiana, fui levada para um lugar muito estranho.

Tudo escuro, molhado e havia muita gritaria. Percebi que estava entrando em um calabouço onde havia mulheres presas.

Ao percorrer o corredor, o barulho fez-se silêncio e alguém gritou que uma "subversiva" estava chegando "no pedaço".

Como souberam? Talvez fosse a cor de pele? A roupa? Nunca soube!

De repente uma porta de ferro foi aberta, ordenaram que eu tirasse toda a roupa. Me empurraram para dentro, fecharam a porta.

Nada mais. Os guardas se retiraram.

Silêncio.

Em seguida uma mulher grita, se identifica como Nilce, e pergunta se eu era realmente uma subversiva (depois verifiquei que assim éramos chamadas pelas presas comuns).

E passa a me explicar onde eu estava e todos os cuidados que deveria tomar para não ser mordida pelos ratos.

Manda que eu suba na tarimba, uma madeira pendurada na parede que poderia servir para descansar o corpo, não colocar os pés no chão, não pegar a comida que jogariam e nem fosse ao boi, isso é, ao buraco que chamavam de vaso sanitário.

E, de forma muito enfática, explica que ali não era o meu lugar e que, na madrugada, quando a penitenciária estivesse em silêncio, elas, as presas, irão gritar para que o coletivo das presas políticas, que estavam em outro pavilhão, pudessem ouvir e exigir a minha retirada daquele lugar.

Mas, muito antes da madrugada, fui retirada de lá e levada para um outro lugar, um longo corredor com celas dos dois lados. No lado direito, vazio, me trancaram por muitos meses. No outro lado, celas cheias com mulheres consideradas loucas.

Aquela recepção foi uma experiência humana fortalecedora. Eu que ali chegava vindo do Centro de Informações da Aeronáutica (CISA), onde estivera por quatro meses, onde deixara Colombo e Fernando, meus companheiros, penetrava em um novo universo tão violento quanto aquele de onde acabava de vir.

Tudo que eu sabia sobre penitenciária feminina era do cinema, lugar de mulheres enlouquecidas e violentas. Mas eu ali, naquele lugar que mais tarde soube ser a "Surda", lugar de castigo onde as presas eram submetidas a torturas e que ali permaneciam por meses, encontrei solidariedade expressa no silêncio e nos conselhos de Nilse.

Tempos depois, já no "pavilhão das loucas", como era chamado, conheci pessoalmente Nilse. Uma nordestina marcada pela vida. Baixinha, irreverente, irrequieta. Sobre ela corriam muitas histórias dramáticas. Nunca soube nada. Nem mesmo o seu nome verdadeiro.

Ao longo dos muitos anos em que lá estive nos cruzamos centenas de vezes. Sempre com carinho. Depois de nove anos recebi meu alvará.

Ganho a rua e Nilse permanece por não sei quantos anos mais.

A última vez que imaginei tê-la visto foi no começo dos anos de 1990. Passava pela região da Central do Brasil, no centro da cidade do Rio de Janeiro, e tive a impressão de ver Nilse carregando um carrinho de mão. Uma mendiga. Demente.

Me aproximei e emocionada não tive coragem para abordá-la. E ela só me olhou, com olhos sem brilho.

Perplexa e parada ali, no meio daquela multidão, me indaguei se eu realmente havia vivido aquelas memórias ou se havia fabulado tudo aquilo.

Era uma história que só faria sentido para alguém, como Nilse, que havia estado ali e que pudesse ter sobrevivido.

O que não era o caso daquela mulher pequenina de quem, ao longo de décadas, guardo um colar, usado em cerimônias africanas, que ela havia me enviado, não me lembro como, às véspera do meu julgamento.

Luquinha

Ainda naquele corredor soube da sua existência. Na verdade, eu só ouvia sua voz e, através da viseira que havia na porta de aço que fechava a minha cela, a via passar pelo corredor.

Como a maioria das mulheres presas no Talavera Bruce, era uma jovem e negra. Luquinha, como era conhecida, sofria com problemas respiratórios, pequenina e muito magra.

Em um determinado dia foi ao médico ginecologista do presídio, um sujeito que conheci tempos depois.

Homem de uns 50 anos e muito adaptado a sua função de médico-carcereiro. Certamente um desses "homens de bem" que gostavam, e ainda gostam, de exibir sua masculinidade.

Segundo as notícias que circularam no pavilhão, nessa sua ida ao médico Luquinha teria "se alterado" com o médico e, como punição, levada para a "Surda" e ali permanecido por 60 dias.

Certa tarde eu estava tomando banho de sol no pátio interno e, de repente, ouço Luquinha gritando pelo corredor. Anunciava a doação dos seus bens porque, afirmava, iria se matar. Só não doaria o rádio, iria destruí-lo.

Eu achei que aquilo seria apenas um momento de revolta de alguém que acabava de sofrer muita violência. Não acreditei no que ela anunciava.

Voltei para a cela. Anoiteceu. Adormeci.

O guarda abria a minha cela às 6 horas da manhã, para que eu saísse para o banho. Em seguida eu era fechada e as outras celas, das presas comuns, eram abertas.

Mas nesse dia nada aconteceu. Tudo permanecia em silêncio.

De repente ouço alguém gritar que Luquinha estava sendo retirada da cela. Morta. Havia se enforcado.

Fiquei perplexa. Corri para ver se pela viseira da porta enxergava alguma coisa. E vi. O corpo pequenino passava enrolado em lençol, carregado por dois guardas.

Fiquei paralisada. Impotente diante daquele crime.

Sim, crime porque ela havia anunciado o que pretendia fazer. Estava sob a custódia do Estado que tinha a obrigação de protegê-la.

Mas Luquinha era apenas mais uma carne preta. Descartável.

Nilse e Luquinha viveram o horror da "Surda". Compartilhamos nossas fragilidades e somente elas, talvez, pudessem atestar se o vivido-sentido marcado na alma teria sido real.

Mas não sobreviveram. Nunca nem mesmo conheci seus nomes verdadeiros, suas origens, suas histórias de vida.

São memórias guardadas e expostas pela primeira vez. As reproduzo apenas como "testemunho da vida", mas terei eu capacidade de torná-las comunicável?

A LUTA CONTRA OS IMPACTOS DA DITADURA MILITAR NO ATIVISMO BRASILEIRO

ATHAYDE MOTTA

"Aprenda a partir do povo
Planeje com o povo
Comece com o que eles têm
Construa a partir do que eles sabem
Sobre os melhores líderes
Quando a tarefa é bem-sucedida
O povo irá destacar
Fomos nós mesmos que fizemos isso".

LAO TZU, FILÓSOFO CHINÊS

Introdução

MEU CONHECIMENTO SOBRE A DITADURA militar como um adolescente e jovem adulto foi bastante restrito. O regime não era um tema de conversa na minha casa. De fato, acredito que o mesmo acontecia com muitas famílias do subúrbio carioca onde vivia.

Isso não significa que as pessoas não sabiam que existia uma ditadura ou que familiares ou amigos próximos da minha família não tenham sido vítimas desse período. Nós apenas não falávamos nesse assunto. Minha "educação política", portanto, não começa em casa; mas com a militância em movimentos de bairro e no movimento estudantil, que começou nos anos finais do regime após eu completar 18 anos. Sobre esse período, começo da década de 1980, as memórias não são boas. Fiz parte de uma das dezenas de movimentos semi-clandestinos que seguiam uma fórmula em comum: um líder carismático com alguma experiência direta de enfrentamento ao regime militar reunia uma gama variada de indivíduos com pouco em comum entre si além do desejo de viver em uma democracia. No entanto, já convivíamos nessa época com partidos de esquerda, como o PT, o PDT e o PC do B. No grupo do qual fiz parte, eu participava principalmente de duas atividades: grupos de estudo sobre o marxismo e ações de contato direto com a classe trabalhadora (normalmente a distribuição de jornais impressos em portas de fábrica). Com o surgimento desses partidos, a agenda do grupo do qual fiz parte mudou drasticamente. A ação considerada prioritária passou a ser a inserção em alguma estrutura partidária (às vezes em mais de um partido). E aqui surgiriam questões relevantes, ainda que furtivas, relacionadas à classe e à raça. No interior desse movimento semi-clandestino, eu era parte de um grupo de jovens militantes pobres, vários dos quais negros, que viviam no subúrbio e na periferia do Rio de Janeiro e cuja principal tarefa, não surpreendentemente, era a distribuição de panfletos nas fábricas no fim da madrugada, antes do dia amanhecer. O acesso à participação em estruturas partidárias já estava restrito às lideranças do grupo. Do pouco que me lembro daquele período, o líder do grupo do qual eu fazia parte passaria as próximas décadas como assessor parlamentar de algum deputado de um partido progressista. De alguma forma, essa experiência criaria uma desconfiança das estruturas partidárias que perdura em mim até hoje.

Durante esse período, aprendi o que era mais imediato e óbvio sobre a ditadura, o suficiente para animar jovens a se engajar por mais democracia e liberdade. Eu só conheceria mais detalhes, histórias e o impacto da ditadura na vida pública do país anos mais tarde, como estagiário no Instituto Brasileiro de Análises Sociais e Econômicas (Ibase). Durante alguns anos tive a oportunidade, de fato um privilégio, de trabalhar com Herbert de Souza, o querido Betinho. Junto a várias companheiras e companheiros do exílio, Betinho foi meu primeiro canal de acesso ao conhecimento sobre a ditadura.

Creio que para qualquer jovem ativista daquele período, a questão da tortura era fundamental. A violência do regime contra cidadãos comuns mobilizava corações e mentes por justiça e pela própria definição de país. Com Betinho, a pauta da tortura convivia com a busca por formas de criar uma democracia de fato, com ampla participação e, mais do que isso, com um engajamento das pessoas comuns no mundo da política a partir da ideia, que havia sido suprimida durante a ditadura, de que a política era parte fundamental do nosso dia a dia. Esse é um ponto fundamental nessa reflexão. A ditadura militar de 1964 impactou de maneira única o tecido social vibrante e combativo que sempre existiu na sociedade brasileira. Ao abrir o Ibase, Betinho, junto com várias outras lideranças, construía um projeto que partia do trabalho de base que vinha sendo feito no Brasil por movimentos populares há décadas (e que havia sido brutalmente interrompido pela ditadura) e o estimulava a partir da estrutura ágil e os recursos disponíveis para as ONGs brasileiras naquele momento. O que muitos consideravam uma novidade já estava sendo feito em outros lugares do mundo e mesmo no Brasil, com recursos de setores progressistas de várias denominações religiosas, por exemplo. A sociedade civil que Betinho teria inaugurado no Brasil teve suas sementes nas lutas de resistência que a ditadura sufocou e tentou destruir. Mais do que tudo, Betinho reconheceu que as soluções para quaisquer problemas enfrentados pelas comunidades pobres no Brasil já estavam sendo criadas pelas próprias comunidades. Ao transformar essas experiências em informação e conhecimento e colocá-las ao alcance de grupos similares e da sociedade em geral, Betinho estimulou a esperança de que a sociedade brasileira poderia se auto-(re)construir após a destruição que a ditadura causou em seu tecido social. À frente do Ibase, Betinho recuperou a crença no ativismo de base que a ditadura havia impactado. Nas décadas seguintes, esse ativismo inflamaria o país em ocasiões como as Diretas Já e a Campanha da Fome. Também seria um poderoso aliado das administrações petistas nos níveis local e nacional.

A literatura internacional sobre sociedade civil e ativismo reconhece a habilidade de comunidades pobres de criar soluções para seus problemas e chama esse fenômeno de divergência positiva[1]. Nesse texto, eu argumento que Betinho

1 A divergência positiva (*positive deviance*) é definida como uma abordagem que envolve a identificação e a amplificação das soluções já existentes em uma dada comunidade, especialmente aquelas marginalizadas ou pobres, ao encorajá-las a adotar práticas excepcionais que tenham levado a mudanças bem-sucedidas em suas situações. Para saber mais sobre o tema, leia *The Power of Positive Deviance: How Unlikely Innovators Solve the World's Toughest Problems*, de Richard Pascale, Jerry Sternin e Monique Sternin. Harvard Business Press, 2010. Veja também **https://positivedeviance.org/**.

reconheceu a divergência positiva como um instrumento de transformação para o país em grande parte porque ele mesmo era um divergente positivo que utilizou essa habilidade para inovar a prática cotidiana em todas as ONGs e projetos que fundaria no período, influenciando incontáveis outros ao longo dos anos. Enquanto líderes comunitários lutavam pelo direito a construir seu presente e futuro, Betinho estimulou o ativismo em que acreditava, e que havia sido em grande parte destruído pela violência covarde da ditadura.

Por uma nova cultura política e democrática: a luta inacabada

É comum que a reflexão sobre a ditadura militar de 1964 fique confinada aos anos em que ela viveu. Para estimular a reflexão, esse texto argumenta que os impactos da ditadura no ativismo político e nas Organizações da Sociedade Civil (OSCs) se fizeram sentir por muito tempo depois do seu fim oficial, por volta de 1985.

A perseguição e assassinato de lideranças e a proibição do ativismo em organizações, sindicatos e movimentos populares se faria sentir e prejudicaria a reconstrução da democracia. No entanto, líderes como Betinho e várias outras pessoas, homens e mulheres, desafiaram a repressão e uma cultura do terror ao estimular a participação na política e o amplo debate público sobre a realidade brasileira. Ainda que isso não fosse totalmente percebido à época, a sociedade civil seria a alternativa (ainda que incompleta e imperfeita) às formas de ativismo que haviam sido prejudicadas de alguma maneira pelo período ditatorial. Em ONGs e movimentos autônomos e com acesso (ainda que limitado) a recursos financeiros, criou-se um espaço para a experimentação e para a expressão de setores que haviam sido totalmente invisibilizados pelo período repressivo, como as organizações de base. Em uma das muitas histórias contadas sobre a criação do Ibase, destaco aquela em que Betinho declara que queria criar um instituto para a base, portanto, Ibase. O nome oficial que viria no registro legal só foi um ajuste a essa ideia inicial que expressava um compromisso em abrir espaços amplos para todas as formas de ativismo nos temas mais variados com foco em organizações de base e em apoiar esses ativismos com recursos vários. Esse seria o mote não apenas do Ibase, mas também das várias organizações que Betinho criou ou ajudou a criar, assim como várias outras organizações e movimentos sociais que surgiriam inspirados ou apoiados por Betinho[2].

Cultura política e poder local eram expressões chaves utilizadas nessa época e que, infelizmente, perderam centralidade ao longo dos anos. A cultura política se refere ao tradicional patrimonialismo e autoritarismo do que se convencionou chamar de estamento burocrático no Brasil, e que tem alcance maior que a burocracia per se. Essa cultura política alimentou e foi expandida pela ditadura militar e, ainda hoje, exerce um papel relevante na ascensão da extrema-direita no Brasil. Nas décadas imediatamente após o fim da ditadura, a sociedade

2 Além do Ibase, Betinho criou a ONG Associação Brasileira Interdisciplinar de Aids (Abia). Ele também apoiou a criação da ONG Se Essa Rua Fosse Minha e da Associação Brasileira de ONGs (Abong). Entre os movimentos sociais de destaque criados por Betinho estão a Ação da Cidadania contra a Fome, a Miséria e pela Vida (também conhecida como Campanha da Fome), que viria a dar origem à ONG Ação da Cidadania. Um dos projetos de grande impacto do Ibase foi o Centro Radiofônico de Informação Alternativa (Cria), que anos depois se tornaria a ONG de comunicação Criar Brasil (Centro de Imprensa, Assessoria e Rádio).

civil brasileira também lutou por uma nova cultura política capaz de transformar o tradicional estamento e reformar as estruturas do Estado, tornando-o acessível à participação das classes populares. Essa luta continua hoje com alguns avanços ocasionais e retrocessos significativos. Uma nova cultura política no Brasil é um processo em curso.

Já o poder local significava a possibilidade de uma nova cultura política vinda das bases por meio do acesso à participação nas prefeituras municipais e câmaras de vereadores, as instâncias de poder mais próximas do povo e de suas organizações. Por anos a expansão do poder local foi uma agenda de ONGs e movimentos sociais apoiada por Betinho e vários outros líderes. Algumas das experiências mais inovadoras de gestão pública participativa e a própria renovação da política aconteceu no âmbito do poder local. Mas aqui também, elites políticas locais conservadoras e novos atores na vida pública, como as igrejas evangélicas, corromperam o potencial do poder local e deram espaço ao recrudescimento da violência política. A violência política de extrema-direita que infesta a política brasileira nos dias de hoje nos remete, tristemente, à violência política da ditadura militar, a qual se assemelha em sua irracional brutalidade.

Resistir a essa brutalidade é fundamental para que avancemos na luta inacabada por uma cultura política transformadora.

Conclusão

Betinho era um divergente positivo que procurava, inspirava e apoiava outros e outras que eram divergentes positivos como ele, que não acreditavam que transformações não eram possíveis. Eram, e ainda são, divergentes que acreditam na autonomia da sociedade civil e em políticas públicas inovadoras que podem surgir a partir da experiência vivida nas comunidades mais pobres desse país. De fato, tais experiências continuam a ter o potencial de transformar não apenas vidas, mas a política em si.

Em sua iniciativa mais conhecida, a Campanha do combate à fome, Betinho surpreenderia o país com um movimento voluntário e descentralizado, em um formato que muitos de seus pares na luta contra a ditadura não aceitariam. A força do movimento não estava apenas na quantidade de comida distribuída, mas na descoberta que grupos de tamanhos variados, em várias partes do país, tinham a capacidade de mobilizar os recursos necessários para arrecadar e distribuir alimentos. Essa distribuição ampla e irrestrita acabaria por consolidar o principal instrumento da frágil cultura de doação existente no Brasil. A doação de 1kg de alimento tornou-se um ato de valor simbólico incomensurável pois dispensa apresentações, convencimento ou quaisquer evidências de seu uso. A comunicação entre quem pede e quem doa é imediata. A confiança, tão fundamental nas culturas de doação de vários países, é reiterada após cada doação. Essa confiança precisa se estender à política, mas talvez esse seja um caminho que ainda esteja sendo construído pelas pessoas e organizações que dão seguimento à Campanha do combate à fome hoje.

Essa confiança foi importante no processo que transformou a Campanha da Fome na política pública de segurança alimentar e nutricional, talvez a mais notável e celebrada política pública do país. Mas uma cultura política do atraso e conservadorismo continua a existir no Brasil e foi a responsável pelo retrocesso político dos últimos anos que trouxe de volta a fome e a miséria para as comunidades mais pobres do país. Isso mostra que os avanços conseguidos no pós-ditadura não foram transformações definitivas e uma herança nefasta de autoritarismo e repressão ainda está presente em nosso meio. Reconhecer e amplificar as soluções que as comunidades mais excluídas encontram para seus problemas continua sendo um caminho de enorme potencial que pode nos proteger daqueles que têm claramente a intenção de governar o país com uma cultura política ditatorial e não uma cultura política de paz, inclusão e igualdade.

DE REGRESSO

MARILIA GUIMARÃES

CUIDAD DE PANAMÁ, 23 DE NOVEMBRO DE 1979

Ansiedade não combina com malas, adolescentes, passageiros apressados que desconhecem o significado de regresso. Retornar, voltar, tornar, começar de novo. Éramos quatro. Meus meninos, Reinaldo (o famoso Zé do Boné — no passaporte Xavier Pereira).

Os órgãos vitais contorciam tentando chegar a um acordo com a hipófise, que a sua vez mandaria o comando certeiro para a tireoides, daí quem sabe entraria num acordo tácito com meus neurônios. Ledo engano. O movimento de translação e rotação do planeta terra entrava em rota de colisão. Torcia para que o tempo chegasse a um acordo consciente — tempo sobrenome Eu. De repente, o piloto comunica: entraremos numa zona de turbulência. Apertei as mãos das crianças, nos aconchegamos, balbuciei baixinho com a voz embargada pelas lágrimas.

Estamos sobrevoando a Amazônia, o solo pátrio. Com sorte, em algum momento poderia ver a primeira estrela na linha do equador. Lá fora noite cerrada, dormir impossível.

Memórias da década de 60 pipocavam em sequência 4/4 num recuo apaixonante ao passado recente, impregnadas de afetividade.

RIO DE JANEIRO, 13 DE MARÇO DE 1964

Central do Brasil

Chegada e saída de trens apinhados de trabalhadores num bate e volta diário. Começo da Tarde com cor de liberdade tinha nome — João Belchior Goulart — o Presidente do Brasil ia falar aos trabalhadores sobre o país. Quê. Por que e como iria conduzir a nossa história.

... Dirijo-me a todos os brasileiros, não apenas aos que conseguiram adquirir instrução nas escolas, mas também aos milhões de irmãos nossos que dão ao Brasil mais do que recebem, que pagam em sofrimento, em miséria, em privações, o direito de ser brasileiro e de trabalhar sol a sol para a grandeza deste país.

... Hoje, com o alto testemunho da nação e com a solidariedade do povo, reunido na praça que só ao povo pertence, o governo, que é também o povo e que também só ao povo pertence, reafirma os seus propósitos inabaláveis de lutar com todas as suas forças pela reforma da sociedade brasileira. Não apenas pela reforma agrária, mas pela reforma tributária, pela reforma eleitoral ampla, pelo voto do analfabeto, pela elegibilidade de todos os brasileiros, pela pureza da vida democrática, pela emancipação econômica, pela justiça social e pelo progresso do Brasil...

Eufóricos com a possibilidade de participar do combate à desigualdade social, abertura de novos caminhos para o desenvolvimento nacional, o sucesso do discurso era motivo de alegria geral do povo brasileiro.

Por fim, um presidente colocava o interesse nacional em pauta. As reformas de base, agrária, tributária, bancária, urbana, educacional e eleitoral dominaram a política nacional. Faixas etárias das mais diversas apoiavam João Goulart. Inesquecíveis aqueles momentos. Regressamos às universidades, às fábricas, às escolas, às construções dispostas a transformar o Brasil em um grande país.

A esperança verde e amarela domina a geração pós guerra com ânsias de paz e desenvolvimento. Jango se encaixa plenamente neste contexto.

RIO DE JANEIRO, 30 DE MARÇO DE 1964

Rua das Laranjeiras entre rua Ipiranga e Paulo César de Andrade, 3h da madrugada

Aquela Rural Willis azul e branca tinha estória. Destacava das outras por transportar material gráfico, ir "n" vezes à praia, bares em São Conrado, Beco das Garrafas em Copacabana, o mais famoso recanto da bossa Nova, às tarefas da nascente militância brasileira.

Entramos pela Praça São Salvador e um caminhão do lixo atravessado na esquina impedia a passagem. Antônio desce para saber por quê.

— Impossível passar. Só moradores.

— Ela mora na rua das Laranjeiras.

— Ela pode.

— Que passou? insiste.

— Ela pode.

— Vou ficar olhando. Desce e veja que aconteceu. Volto à gráfica ligo para você. Ok?

— Ok.

Caminhei rapidamente. Outro caminhão de lixo impedia a passagem de veículos.

Um pouco a frente, um tanque fechava a rua das Laranjeiras em direção ao Largo do Machado. Outro tanque mais adiante.

Subi rápido. Da varanda do meu quarto lograva ver o Palácio das Laranjeiras, todo iluminado. Pessoas em vai e vem sem fim. Liguei para amigos (pela vida afora companheiros) dando a notícia: parece Golpe.

Antônio informa, que com o chofer está retirando no caminhão as cartilhas da Reforma Agrária que estávamos finalizando. Uma remessa seguira para o Nordeste dias antes. Francisco Julião esperava ansioso. As ligas camponesas também.

Amanhecia. Tudo igual. João Goulart havia saído para Brasília, depois São Borja e finalmente Uruguai, evitando derramamento de sangue.

De costume, os Estados Unidos apoiavam integralmente o Golpe.

Começara a longa noite que durou 21 anos.

O mundo fervilha em protesto contra os regimes totalitários. O Brasil se organizou em organizações de resistência. Popolp, AP, ALN, VPR, MR8, Var — Palmares unindo jovens e lideranças desligadas do PCB (que era contra a luta armada (como Carlos Marighella, Gregório Bezerra, João Amazonas, Alex Pereira, Stuart Angel, Yuri Pereira, Ronaldo Dutra Machado, Juarez Guimarães, Carlos Lamarca entre muitos de norte a sul e de leste a oeste do país.

Seis anos depois, a garota de Laranjeiras entra na clandestinidade com dois meninos de 1 e 2 anos, vive um ano Brasil adentro. É obrigada a deixar o país.

O restaurante Jangadeiros com seu feijão e arrozinho em Montevidéu satisfazia as crianças, fora que vez por outra encontrava o presidente, suas crianças brincando com as minhas, amenizando quem sabe quando voltaria a minha patriazinha. Se daria certo o sequestro, se, se, se. Daqui pra frente, o pretérito imperfeito conjugaria no presente.

Depois de quatro dias, numa ação até hoje inédita, chegamos à ilha de Fidel. Dez anos de exílio. Saudades, lágrimas, perdas de inúmeros companheiros assassinados pela ditadura, exilados passageiros, outros permanentes oscilavam entre o amor, a ternura, solidariedade, luas estonteantes, Osa Mayor substituindo o Cruzeiro o Sul, oportunidades incríveis de crescimento, realizações...

Em minutos aterrizaremos no Rio de Janeiro.

O avião da Varig descia lentamente. Hoje, 60 anos depois, sei que adjetivos não existem para descrever tanta emoção. Só sei que cheirava Brasil.

— Dona Marilia Guimarães.

— Vem por aqui vamos conversar naquela salinha.

— Marcello?

— Por aqui.

— Eduardo?

— Aqui.

— Fomos detidos.

O interrogatório durou mais de duas horas.

— Conheceu o ditador Fidel Castro?

— O senhor quer dizer o comandante Fidel Castro? Lógico que sim.

Perguntas tão limitadas, mal-informadas que dificultavam as respostas.

— Fez treinamento? Treinamento de que?

— De guerrilha?

Que treinamento? Estudei medicina, criei a Cátedra de português na Universidade de Havana. O senhor está mal-informado, hein.

Estava apavorada com a situação de Marcello e Eduardo.

Onde andavam meus filhos? Precisava encontrá-los.

Fizeram uma mudança de sala. Fomos afastados.

— Marcello! Fez treinamento de guerrilha? Aprendeu a manipular metralhadoras?

— Como? Não estudei até a secundária. Agora, voltei. Vou seguir estudando. Aqui as crianças usam armas? Em Cuba, não. Na ilha, as crianças nascem pra ser felizes. Nós líamos muito. Muito mesmo e brincávamos.

— Eduardo, e você? Como foi viver em Cuba?

— Muito bem.

— Aprendeu guerrilha?

— Não. Estudava. Brincava. Ia aos shows com minha mãe. Ia ao teatro com a minha mãe. Lia poesia, pintava. Há! Gosto muito de lá.

— Hum. Tudo de cabeça feita. A volta desse pessoal... não sei não.

— Vamos liberar. A imprensa tá lá fora.

A ditadura no Brasil segue em curso. No 8 de janeiro de 2023 tentaram um golpe. Resistimos. Sempre Resistiremos. Democracia é nossa meta. Sigo na luta *hasta la vitória*.

UMA PROFESSORA NÃO HEROICA

HELOISA BUARQUE DE HOLANDA

NUNCA FUI UMA FIGURA IMPORTANTE na resistência à ditadura. Eu era uma professora cheia de sonhos revolucionários, mas nunca me engajei em organizações ativistas partidárias ou sindicais nem nas de luta armada. Na realidade, cheguei ao Brasil alguns meses depois do 31 de março de 1964, vinda de um período longo de pesquisa e trabalho numa universidade americana. Cheguei cheia de temores por conta das notícias que chegavam no exterior sobre o golpe militar ocorrido no Brasil. Para minha surpresa, o que encontrei foi um panorama cultural eufórico com vários movimentos anunciando projetos audaciosos como o Cinema Novo, a MPB engrossando suas fileiras, o teatro se armando em formato populares de arena. Me surpreendi.

Logo consegui a posição de professora assistente na Faculdade de Letras da UFRJ e vivi uma época igualmente rara no circuito acadêmico. As lideranças estudantis irrompiam nas aulas que imediatamente se transformavam em fóruns de debates, envolvendo nossos corações e mentes. Ressoavam, naquelas salas precárias, discursos inflamados e desejados calendários de ações e passeatas. Nós professores e alunos vibrávamos e seguíamos à risca tudo o que nos era apresentado. Os cursos, em sua quase totalidade, discutiam os autores marxistas, as bandeiras das novas lideranças latino-americanas, o momento político e os rumos sonhados para o país.

Soa absurdo, mas, como bem mostrou Roberto Schwarz, o período entre 1964 e 1968 pode ser batizado como a era de ouro da cultura e das universidades brasileiras. Foi assim minha chegada à UFRJ. Um sonho revolucionário que se mostrava possível, que estava a um passo de nossas mãos. Participei de todo o ritual engajado de minha geração. Aulas sentidas como revolucionárias, presença em toda e qualquer manifestação pública, plateia fervorosa de qualquer espetáculo cultural de resistência e crítica à ditadura. Aliás como todo mundo, nada demais. De longe, eu amava e idealizava os jovens revolucionários que se organizavam e se expunham no combate ao regime (entre eles, óbvio, Betinho). Mas, o ano de 1968 chegou rápido. E com ele, a promulgação do ato institucional nº 5, trazendo censura pesada, prisões, torturas e mortes.

Eu, professora, recebia agora listas e mais listas de livros a serem banidos dos cursos que oferecíamos. Infelizmente, eram todos os que compunham minha bibliografia. E lá vinha a paranoia em sala de aula. O medo de um provável infiltrado para denunciar professores e alunos "mais eloquentes". Sobre isso, encontrei um longo poema chamado "*Quampérius*", do poeta Chacal, do qual registro um trechinho:

> "SENTADO E ESTUDANTIL ORLANDO PRESCUTAVA
> O ABSURDO
>
> E O RABO DA PROFESSORA.

'SERÃO POLICIAIS OU ALUNOS ATRASADOS?'

TAKAPASSOU A MULHER COM GIZ E ABRIU A PORTA. O HOMEM COLADO COM AS ORELHAS ENTREGANDO, SAIU DE BANDA. BANDEIRA, SUA SUÁSTICA CAIU NO CHÃO. ORLANDO VIU O LANCE, ACHOU NADA

PISOU NA ESCADA E NÃO APARECEU MAIS POR ALI.

PRA QUÊ?"

(escrito originalmente todo em caixa alta).

Essa era nossa realidade. A paranoia, o pânico, a autocensura. Um dia atrás do outro, em modo medo.

Na época, eu fazia meu doutorado que, não por acaso, foi sobre a poesia marginal, da qual reproduzi o trecho acima. Essa poesia tornou-se um fenômeno que se espalhou por toda parte, conseguindo driblar a censura e, mais importante, registrando, em tempo real, a memória da "geração do sufoco". Descobri, nessa pesquisa, um fio de resistência que talvez fosse o único não controlado diretamente pela censura. Digo diretamente porque, indiretamente, a autocensura já estava infiltrada em cada um de nós. Se a censura não se preocupou com o que diziam nossos poetas marginais, a maioria das gráficas, temerosas, se recusavam a imprimir os livrinhos descartáveis dessa poesia e a configuração das artimanhas (como eram conhecidos os saraus), sempre lotadas, começavam a ganhar um perfil de "perigo à vista".

Simultaneamente, a mão pesada da ditadura atingiu, em cheio, aquele fórum maravilhoso de ideias que foi a universidade pré 1968. "O vazio cultural", anunciado por Zuenir

Ventura, com um sem-número de exilados ou paralisados, tornou-se realidade. Nesse quadro, a descoberta das possibilidades abertas pela poesia marginal foi, para mim, a revelação de uma saída, como uma luz entrevista naquela nuvem cinza que pairava imóvel sobre todos nós. Me dediquei então, obsessivamente, ao mapeamento das publicações marginais, feitas em mimeógrafos e distribuídas de mão em mão. Sintonizada com o rock, produzida por jovens representantes da cultura do sufoco (*sic*) a poesia marginal nos legou uma memória preciosa dos sentimentos, inseguranças e silêncios que expressaram o experiência cotidiana de toda uma geração.

Dou aqui alguns exemplos. Chico Alvim, no poema "Aquela tarde", uma quase natureza morta, pinta, com maestria, nuances de emoções tão diversas quanto profundas.

> "Disseram-me que eles morreram na véspera
> Fora preso, torturado. Morreu no Hospital do Exército
> O enterro seria aquela tarde
> (Um padre escolheu o lugar de tribuno
> Parecia que ia falar. Não falou.
> A mãe e a irmã choravam)".

Já Cacaso, em "Aquarela", explicita em cores mais fortes, um quadro da violência nacional:

> "O corpo no cavalete
> É um pássaro que agoniza
> Exausto do próprio grito.
> As vísceras vasculhadas
> principiam a contagem
> regressiva

No assoalho o sangue
Se decompõem em matizes
Que a brisa beija e balança
O verde — de nossas matas
O amarelo — de nosso ouro
O azul — de nosso céu
O branco o negro o negro".

Violência explícita que volta, com Adauto, em "Pólis I":

"Decúbito dorsal
Duas pistolas 765
(uma em cada mão)
Cinco rosas negras de pólvora
tatuadas nas costas".

Por outro lado, Charles, em "Circo abafado" registra simuladamente, como era de praxe, a asfixia da época:

"Olho tapado no joelho
Outro tapeando entre as pernas
Conversas caretas de artistas fardados
Quadro rasgado no meio da parede
Confiança em mim".

São muitos exemplos, são muitos os poemas e poetas. É uma tentação continuar e continuar. Mas não é minha função organizar aqui uma antologia de poesia. Esses exemplos foram escolhidos para mostrar as muitas formas como um segmento cultural que não se engajava diretamente nas lutas contra a ditadura, vivia e experimentava seu impacto. Para mim, um material riquíssimo sobre a realidade de uma geração sem acesso à informação, amedrontada, recebendo apenas educação, arte e cultura sob censura. Para quem se amarrou, não deixe de ler "Me segura que eu vou dar um troço", do genial Waly Salomão.

Quanto a mim, continuei abrindo brechas para passar o impossível nas minhas aulas, escondendo guerrilheiros em casa, promovendo o envio de informações para o exterior, estudando e escrevendo sobre fenômenos de resistência cultural e mais outros feitos não heroicos, que me ajudaram a levar esse residual de utopia e sonho para tudo que experimento e faço nesses longos 84 anos de vida.

OS QUE FALARAM DIANTE DAQUELES TRIBUNAIS

MIRIAM LEITÃO

QUANDO O GOVERNO DILMA ROUSSEFF decidiu instalar a Comissão Nacional da Verdade, em 2012, enfrentei uma dúvida. Falar o que eu havia vivido ou fazer reportagens e entrevistas sobre fatos nunca devidamente esclarecidos? Optei pelo jornalismo. Sempre tive noção de que outras pessoas haviam sofrido muito mais do que eu. Tantos haviam morrido. Muitas famílias não tiveram sequer o corpo de seu ente querido para enterrar.

Tomei com Cláudio Renato, meu amigo e colega, a decisão de cobrir intensamente a Comissão da Verdade no meu programa na GloboNews. Antes mesmo da instalação, já estávamos na rua, fazendo o documentário "História inacabada", sobre o deputado Rubens Paiva, que foi preso em 20 de janeiro de 1971 e desapareceu. O título foi da editora Cristina Aragão. O trabalho ganhou o Prêmio Vladimir Herzog.

No dia em que fomos gravar em frente ao número 80 da avenida Delfim Moreira, no Leblon, onde ficava a casa em que Rubens Paiva morava quando foi preso diante da família, o cinegrafista desceu na areia da praia e captou cenas da maré subindo e descendo e de quatro pessoas que vinham andando contra a luz do sol, parecendo envoltas em brumas. Foram essas imagens que Cristina escolheu para abrir o documentário. Eu teria que iniciar a narrativa com um texto que conversasse com aquelas imagens. Tarefa difícil. Pensava, pensava e nada. Estava almoçando, em casa, quando as frases me vieram à mente. Prontas. Saí correndo da mesa para o computador e escrevi: "A memória vem e vai, mas não descansa. No Brasil há fatos e personagens que voltam sempre. Perguntas que procuram respostas que jamais foram dadas. Há quatro décadas o Brasil viveu uma história que permanece inacabada".

Houve momentos difíceis ao longo da gravação do documentário. Um deles foi ouvir Eliana Paiva contando sua prisão. Ela, com apenas 15 anos, havia sido levada junto com a mãe, Eunice, para a Aeronáutica e interrogada. Chorei enquanto ela narrava o que tinha vivido. Uma entrevista com o general Luiz Eduardo Rocha Paiva foi particularmente penosa. Eu tive, na véspera, uma crise de labirintite, mas não quis remarcar, temendo cancelamento. Os militares da ativa alegavam que não podiam falar. Muitos da reserva nem nos atendiam. O coronel Brilhante Ustra negou entrevista, mas indicou o general Rocha Paiva, que havia chefiado a Escola de Comando do Estado-Maior do Exército e sido secretário-geral do Exército antes de ir para a reserva, em 2007.

Durante a entrevista, o general disse que, se fosse para punir militares, os ex-militantes também teriam de ser punidos. Eu disse que eles haviam sido presos, exilados, alguns mortos, muitos foram torturados. Dei o exemplo da própria presidente Dilma, presa e torturada. E ele: "Isso é o que ela diz. A senhora tem certeza?". Eu respondi: "Eu acredito nela". Ele, então, fez uma conta para dizer que a tortura havia sido pouca coisa. Pegou o número total de torturados e o número de pessoas que denunciaram isso nos tribunais militares. Dividiu pelo tempo que durou a pior fase do regime, os chamados "anos de chumbo".

— Foram seis torturados por dia ou meio torturado por dia, uma média de quatro — disse o general.

Meu estômago embrulhou. Pela labirintite ou por aquela métrica macabra. Na entrevista, perguntei se os militares da ativa compartilhavam aqueles pensamentos que ele manifestava. O general disse que sim. Isso, de certa forma, explica o golpismo que voltou a rondar o país de 2019 a janeiro de 2023.

Fizemos vários programas sobre o tema. Com o procurador Marlon Weichert, sobre justiça de transição; com o ex-procurador-geral da República, Claudio Fonteles, que presidiu a Comissão; com o advogado e professor Pedro Dallari, que em outro momento também a presidiu; com o jornalista e escritor Audálio Dantas; com Clarice e Ivo Herzog. A entrevista com Fonteles foi ao lado dos arquivos do Serviço Nacional de Informações (SNI). Ele abria as gavetas dos armários de metal, e eu pensava que em alguma parte da burocracia do regime estavam os meus documentos. Num dos programas, um entrevistado disse: "As provas mais contundentes que nós temos sobre a tortura são os depoimentos dos presos políticos na Justiça Militar". Aquela frase me lançou numa volta no tempo. Uma parte de mim continuou presente na entrevista, a outra parte revia a cena do passado.

Uma jovem de 20 anos, grávida de quase sete meses, anda pelo Centro do Rio de Janeiro, no dia 28 de maio de 1973, em direção à 1ª Auditoria da Aeronáutica, na avenida Churchill. Carrega uma dúvida. Aquele era o dia do Sumário de Culpa, único momento do processo em que a pessoa acusada podia falar diante do tribunal. Quando falasse, deveria ou não relatar as torturas que sofrera? Denunciar era correr riscos

— poderia ser levada de volta à prisão. Além do mais, de que valeria dizer aos militares que os militares torturavam? Parecia inútil e perigoso.

Mas as cenas voltavam à mente. A cobra numa sala escura do quartel do Exército por um tempo que pareceu eterno. Os cachorros jogados sobre os presos logo no corredor do Batalhão. A nudez imposta como humilhação diante de vários militares. As ameaças do chefe da tortura, chamado entre eles de "Dr. Pablo": "Isso não tem volta". O frio do cano da arma colocada na cabeça com o aviso: "Eu posso te matar". O passeio noturno aterrador, com a ameaça de que dele não retornaria. A fome dos primeiros dias. A bofetada do capitão Guilherme derrubando o suco de laranja, único alimento em horas.

O dilema entre falar ou não falar era quase um grito na garganta, quando começou a sessão do Sumário de Culpa. Quatro militares fardados olhavam para os réus com frieza e superioridade, sentados numa grande mesa retangular. Uma quinta pessoa, no meio deles, usava toga. Era o juiz auditor Teócrito Rodrigues de Miranda.

— Primeiro venha a grávida — disse o juiz auditor.

Foram lidas as acusações de subversão contra a enquadrada na Lei de Segurança Nacional por Inquérito Policial-Militar. A palavra então foi dada à acusada.

— Fui torturada, meritíssimo — eu disse.

E segui, descrevendo detalhes da tortura. Alguns foram registrados nos autos, por ordem do juiz aos escrivães.

Quarenta anos depois, o entrevistado no estúdio me dizia que as quase duas mil pessoas que tomaram a decisão de falar nos julgamentos haviam incluído na própria Justiça Militar as provas mais contundentes de tortura durante a ditadura. Continuei a entrevista sem revelar que eu conhecia a dor e a dúvida que cada pessoa havia enfrentado diante daqueles absurdos tribunais.

As denúncias feitas à Justiça Militar foram também a matéria-prima para o livro "Brasil: nunca mais", uma página fundamental da resistência escrita por mãos anônimas que tiraram cópias daqueles documentos e as entregaram a três religiosos: o cardeal dom Paulo Evaristo Arns, o rabino Henry Sobel e o pastor presbiteriano Jaime Wright.

Quando a obra foi lançada, em 1985, eu morava em São Paulo com meus filhos, ainda pequenos. Vladimir, o mais velho, do qual estava grávida quando fui presa, e Matheus. Já era noite, os meninos dormiam no apartamento que eu havia alugado na avenida Rebouças. Abri o livro e comecei a ler. Numa página, encontrei um relato que me pareceu familiar, sobre uso de cobra e cachorros em tortura. Corri os olhos para a nota no pé da página e lá estava o meu nome. Chorei, pensando que tinha valido a pena superar a dúvida e o medo diante do tribunal.

Meu filho Matheus dedicou anos a uma árdua pesquisa para reconstituir o que se passou na minha prisão e na do pai dele, Marcelo Netto, para escrever o livro "Em nome dos pais", lançado em 2017. Conseguiu resgatar no Superior Tribunal Militar o processo movido contra as quase 30 pessoas presas em dezembro de 1972, no Espírito Santo, numa época em que era difícil acessá-los. Os documentos serviram de base para entrevistas com quase todos os citados. Matheus entrevistou os que haviam sido presos, inclusive o delator. Procurou os possíveis torturadores. Conseguiu identificar dois deles, pelos relatos e por outros indícios. O que chamavam de "Dr. Pablo" era o então capitão Paulo Malhães e que foi para a reserva como tenente-coronel. Matheus não conseguiu entrevistá-lo. Ele foi assassinado logo depois de admitir à Comissão da Verdade que participara de tortura e mortes de presos políticos. Matheus, contudo, falou com outro torturador, Antonio Waneir Pinheiro Lima, conhecido como "Camarão", um dos homens de confiança de Malhães. Ele, evidentemente, negou ter estado em Vitória naqueles dias. Matheus identificou também o homem que nós conhecíamos apenas como Capitão Guilherme e que chefiava o setor de segurança no quartel. Era o capitão Pedro Guilherme Ramos.

Em 1984, quando a campanha das Diretas Já foi derrotada no Congresso Nacional, a decisão de Ulysses Guimarães, Tancredo Neves e outros líderes da oposição ao regime foi disputar a eleição no Colégio Eleitoral. Logo depois de vencer a disputa, Tancredo concedeu uma entrevista coletiva. Eu tinha muitas perguntas na mente e a chance de fazer apenas uma. O vídeo dessa pergunta foi recuperado pelo documentário que Matheus fez a partir do livro. Eu quis saber sobre torturadores não serem julgados:

— Não fere o seu senso de justiça, doutor Tancredo, que criminosos fiquem sem punição?

Tancredo respondeu que esse havia sido o acordo da anistia. Quem viu a história passar sabe que a "anistia, ampla, geral e irrestrita" era para que pudessem voltar ao Brasil os que estavam no exílio. Betinho, Gabeira, Arraes, Brizola... "Tanta gente que saiu num rabo de foguete". Nunca foi para apagar os crimes dos militares.

Essa impunidade custou caro ao país. Jair Bolsonaro, desde que era deputado, sempre defendeu a tortura e atacou as vítimas da ditadura, como fez com Dilma Rousseff, em 2016, no seu voto a favor do *impeachment*. Em 2019, disse, referindo-se ao advogado Felipe Santa Cruz, filho de desaparecido político. "Se o presidente da OAB quiser saber como o pai desapareceu no período militar, eu conto para ele". Era o então presidente da República afirmando que tinha conhecimento de um assassinato seguido de ocultação de cadáver. E nada aconteceu com Bolsonaro.

Eu falei publicamente da minha prisão, pela primeira vez, ao jornalista Luiz Cláudio Cunha, no Observatório da Imprensa, em 2014. Chegava ao fim a Comissão da Verdade e as Forças Armadas haviam soltado uma nota negando ter havido "desvio de função" na época da ditadura. Meu grupo e eu fomos presos num quartel do Exército, o 38º Batalhão de Infantaria, em Vitória. Uma das salas usadas nas torturas tinha um quadro de Duque de Caxias na parede, como um aviso para que não esquecêssemos onde estávamos. Sim, as Forças Armadas cometeram crime de desvio de função. Para dizer o mínimo.

Matheus entrevistou o então deputado Jair Bolsonaro para o documentário. Na entrevista, o homem que governaria o Brasil disse: "Sua mãe foi torturada com uma cobra? Coitada da cobra". No primeiro ano na Presidência, ele me atacou durante uma entrevista a jornalistas estrangeiros. Essa expressão "coitada da cobra" foi lançada contra mim, jocosamente, nas redes sociais ao longo de quatro anos. Eu nunca respondi. No dia 4 de abril de 2022, o deputado Eduardo Bolsonaro escreveu nas suas redes, ao falar de mim: "Coitada da cobra". Seus seguidores fizeram coro estridente. Alguns com ameaças de que na próxima seria pior. Isso foi 50 anos depois da minha prisão. Eu me sentia condenada a uma pena perpétua por crime não cometido. Mesmo assim, não respondi.

Dias depois, o historiador Carlos Fico me procurou com um material precioso. Áudios do Superior Tribunal Militar (STM), dos anos 1970, em que os ministros discutiam sobre as torturas ocorridas nos quartéis. Essa foi então a minha resposta. No jornalismo. Divulguei as vozes dos ministros lendo trechos dos depoimentos dados pelos torturados à Justiça Militar, comentando os fatos e alguns aprovando os métodos. Todos sabiam o que acontecia nos interrogatórios. Mas tudo aquilo só havia chegado ao STM porque um dia, nas auditorias militares, pessoas decidiram denunciar as torturas que sofreram.

Falar era doloroso, arriscado e necessário. Os que falaram naqueles tribunais ajudaram a informar sobre uma história que permanece inacabada.

FRAGMENTOS DE UM MOSAICO

ITAMAR SILVA

É DA FAVELA QUE VEJO A CIDADE, entrevejo a sociedade e adivinho o mundo. O que sou e o que sonho ganha corpo pelos caminhos que sobem e que descem o Morro. É a arquitetura insólita dos barracos do Santa Marta que abriga memórias que são só minhas, mas que se fundem e se confundem com a memória dos que dividem comigo a experiência de viver no morro e a identidade de favelado. Minha memória do tempo da ditadura civil-militar que mergulhou o Brasil no terror e fez da violência, da tortura e da morte uma política de Estado, como toda memória, é feita de lembranças e de esquecimentos. A repressão sempre existiu nas favelas. Talvez tenha ganhado outras formas e outra dimensão nos anos de chumbo, mas não foi criação da ditadura. Era e é o modo de presença mais constante do Estado no Morro. E é também a tradução mais evidente para os favelados da lógica excludente da sociedade, do racismo estrutural e do não-lugar dos empobrecidos em uma república em que a cidadania é privilégio de poucos e a coisa pública é privatizada.

Lembranças e esquecimentos de um menino da favela (1956-1969)

Ao olhar para trás, percebo que nos anos da ditadura o crescimento populacional das favelas do Rio, particularmente no Morro de Santa Marta, foi muito significativo, como também constato que foi durante o período dos governos militares que a organização das favelas se consolidou e ganharam corpo os movimentos de reivindicação da população favelada. No entanto, o menino de oito anos que eu era em 1964, como muitas crianças da minha idade e do meu lugar social, não tomou conhecimento do que foi o golpe civil-militar. A única lembrança que tenho, ao mesmo tempo confusa e forte, é de ver minha avó, Dona Quinha e meu pai, Zé Diniz, ambos getulistas convictos, sentados perto do rádio e chorando enquanto ouviam a notícia de que Jango havia sido deposto.

Como boa parte das crianças da minha idade no Morro, cresci sem que no meu vocabulário tivessem sentido expressões ou palavras tais como "luta armada", "presos políticos", "passeata", "regime militar", "desaparecidos", "terrorismo de Estado", "resistência", "exilados ", clandestinidade" e tantas outras. "Pau de Arara", para mim, era o caminhão precário em que vinham os muitos imigrantes que subiam a escadaria do Morro fugindo da seca e da penúria. E "Brucutú" era um personagem de história em quadrinhos. Morando tão perto da rua Marques, em Botafogo, nem vi nem ouvi dizer que foi lá onde o embaixador norte-americano Charles Burke Elbrink foi sequestrado no dia 4 de setembro de 1969 por jovens pouco mais velhos que eu, que exigiram a libertação de quinze presos políticos em troca da soltura do embaixador.

A República no Brasil sempre esteve de costas para os empobrecidos do campo ou da cidade. Quase todos acreditávamos que suas disputas e peripécias não nos diziam respeito. A questão política dos excluídos era e é a sobrevivência.

Ao fazer memória do Morro nos anos de ruptura do Estado de Direito no Brasil, identifico, por um lado, um Morro de Santa Marta que, sem deixar de ser o mesmo, era muito diferente daquele que conheço hoje. Por outro lado, descubro no quotidiano do Morro traços da hegemonia das forças que se pretendiam de "segurança e ordem" que tomaram de assalto o cenário político do país. E também as cores peculiares que assumem no Santa Marta, onde nasci e cresci, os embates ideológicos e políticos daquele período.

Adulto, eu me lembro da Favela de Santa Marta da minha infância com mais verde e espaços mais amplos. Me lembro de crianças que aprendiam muito cedo a se virar sozinhas porque pai e mãe trabalhavam fora para o sustento da família. Me lembro de moradias mais precárias, quase sempre barracos de tábua e zinco construídos com retalhos das sobras do asfalto. Me lembro da luz elétrica, sempre instável, que fazia corriqueiras as noites à luz de velas ou de lampiões de querosene. Me lembro da falta d'água constante e das escassas bicas inauguradas em período eleitoral para angariar votos, versão urbana do par de calças e das botinas distribuídas pelos coronéis nas zonas rurais. Me lembro ou creio me lembrar, porque a memória nos prega peças, que tal como no samba-lamento, o menino que eu fui sabia o que era um "barracão de zinco / pendurado no morro e pedindo socorro / à cidade a seus pés."

Os sinais da onipresença e do controle exercido pelos militares nos anos em que eu não sabia que vivíamos sob uma ditadura são tênues na minha memória, mas são efetivos e eficazes na história do Morro. Estavam presentes na "Joaninha", apelido dos fuscas da polícia na época, sempre parada no pé do Morro, mais preocupada em controlar quem subia e quem descia da favela do que em reprimir o tráfico de maconha, que se fazia pela escadaria de acesso, ou o de cocaína, feito pelo Cantão. Também não parece inocente o fato de dois soldados da Polícia Militar, um cabo e um sargento, terem presidido a Associação de Moradores do Santa Marta. E é sintomático o misto de respeito e temor inspirado por uma figura meio lendária, conhecida como *o Night*, um policial civil que subia o morro a qualquer hora do dia ou da noite, se achava no direito de arrombar com seus coturnos a porta de um barraco que considerasse suspeito, sem que ninguém se atrevesse a desafiá-lo ou a desrespeitá-lo.

Talvez as formas mais efetivas de controle militar da população favelada nos anos iniciais da ditadura civil-militar no Brasil fossem duas: a exigência de carteira de trabalho assinada, a qualquer hora e em qualquer lugar, sob pretexto de controle da vadiagem e o serviço militar obrigatório para a população masculina, desde o início da república um instrumento eficaz de ordenação e enquadramento, principalmente, dos pobres.

Em relação a esse último aspecto, guardo na lembrança um episódio expressivo: um irmão de meu pai, não muitos anos mais velho do que eu, cumpria o serviço militar obrigatório em 1968. No dia 28 de março daquele ano, Edson Luís, que se tornaria herói e símbolo depois de morto, tombou vítima de um tiro desferido por um policial militar em confronto diante do restaurante estudantil conhecido como Calabouço. No dia seguinte do seu enterro deixou a Assembleia Legislativa onde foi velado e atravessou a cidade em direção ao Cemitério São João Batista, acompanhado por uma multidão avaliada na época em cerca de 50.000 pessoas. Convocado, meu tio, então recruta do exército, fez parte do patrulhamento das ruas, vendo-se assim transformado em agente da repressão. Tenho a lembrança de, aos 12 anos, ouvir sem compreender a narrativa revoltada desse tio do que tinha sido obrigado a viver naquele dia nas ruas do bairro do morro em que vivia. Essa é uma das minhas primeiras e confusas lembranças de uma realidade distante de mim e que envolvia a morte de um estudante, uma manifestação da multidão nas ruas, a violência da repressão, e a revolta de um jovem soldado ao viver as implicações da máxima que aprendera no quartel: "soldado raso obedece sem discussão".

Sei hoje que a tensão ideológica fundamental daquele tempo era a que opunha uma direita que demonizava e indiferenciava comunistas, socialistas e liberais de esquerda a uma esquerda que ainda tinha nos comunistas sua força mais significativa. Essa oposição, desigual desde que o Partido Comunista foi posto na ilegalidade em 1947 e a esquerda comunista se cindiu no PCB e no PC do B em 1958, tornou-se muito mais feroz durante os governos militares, que consideravam comunistas todos os que se opunham ao golpe. Confrontados com uma perseguição violenta que se traduzia em tortura, arbitrariedades e mortes, os que se opunham aos militares como senhores da vida e da morte, se enfraqueciam ao se fragmentar em grupos, tendências e facções de distintas linhas da esquerda, que defendiam ou condenavam a luta armada ou que seguiam essa ou aquela liderança.

No Morro, essa polarização desigual reproduzia, com certas peculiaridades, a oposição que dominava a arena ideológica do país e que basicamente opunha, de um lado, uma esquerda vista como liderada pelos comunistas e, de outro, os que apoiavam o golpe, e se identificavam como anticomunistas radicais. Esses últimos tinham em grupos e líderes católicos de direita uma trincheira ideológica e política.

O movimento de favelas deu seus primeiros passos em meados da década de 1950 e espelhou a tensão ideológica da sociedade ao desenhar dois campos opostos. No primeiro situavam-se as organizações com um perfil de esquerda, e influência político-partidária. Entre estas estava a União dos Trabalhadores Favelados (UTF), ligada ao Partido Comunista Brasileiro (PCB), fundada em 1954 na qual militava o advogado Magarinos Torres. No mesmo campo inscrevia-se a Coligação de Trabalhadores Favelados da Cidade do Rio de Janeiro (CTFCRJ), entidade federativa do movimento de favelas carioca, fundada em 1959 a partir de deliberação do I Congresso dos Trabalhadores Favelados. A CTFCRJ foi muito fortemente ligada ao Partido Trabalhista Brasileiro (PTB), portanto, no momento de sua fundação, à estrutura do Estado, através do Ministério do Trabalho.

No segundo campo político-ideológico do nascente movimento de favelas estavam o Movimento de Rearmamento Moral (MRM) e a Confederação Brasileira dos Trabalhadores Cristãos (CBTC), ambas de direita, articuladas e financiadas através do Instituto de Pesquisas e Estudos Sociais (IPES) que reuniu empresários, intelectuais e militares anticomunistas e conservadores, obteve financiamento do governo dos Estados Unidos e apoiou o golpe militar de 64.

No final da década de 1960 a relação entre os antípodas ideológicos ganhou uma configuração curiosa no Santa Marta. A igreja católica tinha uma presença marcante, através, sobretudo, da presença de dois padres, um deles nada menos que o criador dos Círculos Operários, fundados para formar lideranças operárias católicas capazes de se contrapor à sólida presença dos comunistas nos sindicatos e no mundo do trabalho. Os dois padres eram muito queridos no Morro, pela ajuda em situações críticas, pela presença portadora de esperança, pelas iniciativas que traziam benefícios para a população, entre elas a fundação do Clube do Ipê, de foco assistencialista, que reunia católicos e simpatizantes, promovia debates e favorecia mutirões. A esse grupo pertencia o então presidente da Associação de Moradores, um dos mais antigos moradores do Morro, respeitado por todos. Um de seus filhos escrevia o jogo do bicho na favela. O outro era membro do Partido Comunista e panfletava o morro com entusiasmo enquanto seu pai se reunia com os padres no Clube do Ipê.

Se, por um lado, as opções e posicionamentos no interior da família do presidente da Associação de Moradores deixam perceber que os campos ideológicos e os embates políticos subiam o morro e ganhavam uma configuração insólita, por outro é bom não esquecer que as pautas e práticas dos favelados não eram e continuam a não ser reflexos fiéis da arena política e da batalha das ideias no asfalto. As diferenças e as contradições entre o morro e a rua, percebo agora, se constituem em uma espécie de moldura que delimita e sustenta o mosaico da memória do menino que fui um dia.

Nesse mosaico há peças descoloridas. Só me lembro, e muito vagamente, de meu pai e minha avó chorando quando Jango Goulart foi deposto, mas não percebi que foi um golpe civil-militar que o derrubou. Vi muitas vezes as polícias especiais subirem o morro atrás de quem podia ser enquadrado por roubos e furtos ou por venda de tóxico, mas não tomei conhecimento da violência como política de Estado, até porque "Estado" nada significava para mim. Sabia da existência da Associação de Moradores, mas não tinha aprendido ainda a ver que, além do Santa Marta, começava a existir um incipiente movimento de favelas. Na minha memória de menino do morro há muitas lacunas. Talvez haja apagamentos. E, certamente, há muitos silêncios. Os silêncios, por vezes, falam muito alto.

Imprensa, universidade e outros lugares de construção de identidades e de memórias (1969-1985)

Na noite de 4 de novembro de 1969 Carlos Marighella, fundador da Ação Libertadora Nacional (ALN) e um dos principais defensores da luta armada contra a ditadura civil-militar brasileira, foi morto a tiros por agentes do Departamento de Ordem Política e Social (DOPS) em uma emboscada na Alameda Casa Branca, em São Paulo.

Perto de completar 14 anos, eu nunca tinha ouvido falar em seu nome, nem em guerrilha urbana, mas me lembro de ficar muito impressionado com uma foto de seu corpo morto, contorcido dentro de um Fusca. A foto foi estampada na primeira página de um jornal exposto na banca da pracinha do pé do Morro. Fiquei um tempo atônito, parado na lateral da banca, sem conseguir tirar os olhos daquela fotografia.

Li as manchetes que me pareceram escritas em língua estrangeira e me fizeram buscar mais tarde o significado do que não entendi. Quem seria o Delegado Sérgio Fleury, elogiado pelo jornal como o comandante da operação que matara aquele homem? O que viriam a ser a Operação Bandeirantes (OBAN), o Serviço Nacional de Informações (SNI), o DOPS e a ANL? A breve notícia usava termos como "guerrilheiro", "subversivo" e "terrorista" para caracterizar o homem morto, palavras pesadas cujo conteúdo, mesmo que imprecisamente, não era difícil inferir.

Em torno da banca havia mais gente do que em outros dias. E havia um silêncio pesado. Um silêncio que eu já ouvira quando alguém morria pelos becos, vítima de bala perdida ou de endereço certo. Eu já tinha visto gente morta a tiros no Morro. Mas foi a primeira vez que constatei que em ruas bem calçadas também morria em emboscadas gente bem vestida e bem calçada, como era possível verificar na foto em que se via o terno, a camisa social e os pés com meias escuras e sapatos de couro que saiam pela porta aberta do fusca de placa SP246928, tal como o mostram outras imagens de época hoje divulgadas e tal como, cuidadoso, o registro do filme sobre Marighella, dirigido por Wagner Moura e estreado em 2019.

Trago ainda hoje na lembrança aquela foto de Marighella morto, desengonçado dentro do carro numa posição improvável e que hoje sabemos ter sido encenada por seus assassinos. Minha alienação sobre o que ocorria no país começou a ser abalada por aquela fotografia. Foi a imprensa, mesmo amordaçada pela ditadura, que despertou em mim um lampejo de consciência sobre a violência como política de Estado, ainda que naquele dia, então, eu não soubesse disso. O texto da manchete, pela ação da censura ou pela convicção dos donos do jornal, muito provavelmente enaltecia o feito da repressão e demonizava o guerrilheiro morto, como o fez toda a grande imprensa. Seletiva, como toda memória, a minha esqueceu completamente o texto, mas guarda viva a lembrança daquela imagem. Ela foi a única e pouco consistente iniciação política que tive entre os 14 e os 17 anos. E está presente em mim, inaugurando, mesmo sem que eu o soubesse ainda, um tempo em que fui, pouco a pouco, aprendendo a ler o que acontecia tão perto e ao mesmo tempo tão longe de mim.

Em 1976 entrei para a Faculdade, aos 20 anos, idade em que já havia lido, visto e ouvido falar de muitas coisas. Entrei para uma faculdade privada, com nenhuma ou pouca pesquisa, e com alguns bons professores. Em sala de aula nunca foram tratados temas relacionados à ditadura. Nem nunca foram objeto de análise, leitura ou discussão as questões da favela, da discriminação ou da violência estrutural. Fiz jornalismo e as aulas eram, sobretudo, técnicas ou teóricas. Tive uma única colega negra. E nenhum professor que se reconhecesse ou fosse reconhecido como negro. Mas uma universidade não é feita apenas de salas de aulas. No caso daquela que cursei, o fórum principal era o Pátio, como era chamado o principal espaço de encontros informais entre estudantes ou entre professores e alunos e também o espaço onde tinham lugar para eventos, sobretudo os organizados pelos estudantes.

Foi no Pátio da Faculdade que ouvi um dia o depoimento de um exilado político de regresso ao Brasil depois de aprovada a Lei da Anistia em 1979. Não guardei seu nome. Mas lembro do que disse. E lembro, principalmente, de que aquelas palavras já não me pareciam ditas numa língua que não era a minha. O que aquele homem falava tinha a ver comigo, com a minha história, porque resumia com a força do testemunho pessoal a história do meu país.

Foi também no Pátio que assisti pela primeira vez a uma montagem teatral do poema "Morte e vida Severina", de João Cabral de Melo Neto. A força da palavra poética do escritor pernambucano agiu em mim de modo inesperado. Foi como se as peças de muitas cores do mosaico da minha memória se juntassem e deixassem perceber o esboço de seu desenho próprio, enquanto o lamento dos benditos entoados em cena me fazia descobrir o diapasão de uma cantiga ancestral. E foi no conjunto daquelas vozes que pude entender meus tempos vividos e entrever meu lugar no mundo. Um lugar "de bom tamanho, nem largo nem fundo" e que o coro encenado me dizia, uma e outra vez ser "a parte que te cabe nesse latifúndio". A mim e a muitos mais, que aprendíamos, cada um no ritmo de sua própria toada, qual é "a parte que nos cabe nesse latifúndio" que se chama história.

"A parte" que, então entendi, me "cabe nesse latifúndio", não é, como no trecho da peça em que os retirantes entoam o bendito, o lugar dos mortos, ainda que sei ser preciso respeitar e honrar os que morrem de "morte matada" como tantos que, como eu já sabia, perderam a vida por se oporem à violência e ao arbítrio da ditadura, ou os milhares de mulheres, de homens e de crianças que, Brasil afora, morrem "de velhice antes dos trinta, de emboscada antes dos vinte, de fome um pouco por dia".

A beleza do poema de João Cabral produziu em mim o prodígio de ver que, na parte que me toca no latifúndio-história, quero poder acolher e compreender, no cotidiano simples da minha vida, a peleja dos Severinos de todas as latitudes; a luta pela justiça e pela liberdade; as reivindicações do movimento de favelas; a busca da cidadania e da dignidade; as bandeiras dos excluídos; as causas dos negros e dos povos originários; os perigos da natureza devastada. E, por começar a entender assim o lugar que quero para mim, mesmo sabendo que é um lugar de desejos impossíveis, não duvidei naquele Pátio e não duvido hoje que o "latifúndio" que quero chamar de meu não tem cercas, e é lugar de vida. Por isso, aprendi a fazer da louvação ao menino-Severino, nascido mirrado e pobre mas dotado da força da vida nos versos de João Cabral, uma espécie de hino que me faz ver o Santa Marta onde nasci e vivo como um lugar do tamanho do mundo, o chão em que aprendi que as contradições entre o morro e a rua são um retrato do Brasil, que fez de mim o que sou e, por isso, vejo como "tão belo como um sim / numa sala negativa".

Não tenho certeza de como ou quando o avesso da história oficial do Brasil dos anos de chumbo chegou até mim.

Provavelmente por muitos canais e através de muitas vozes, mas sei que tanto aquela foto de Marighella morto publicada na imprensa, quanto o Pátio da Faculdade e, nele, a encenação do poema "Morte e vida Severina", que poucos anos depois o Grupo de Teatro do Santa Marta encenaria no Morro com a direção de Eduardo Tornaghi, aparecem no meu exercício de fazer memória com um relevo muito particular. São os lugares onde ancoro minha memória de cidadão e a consciência de que essa história também é minha, mesmo a contrapelo.

De uma coisa tenho certeza: a partir da metade dos anos 70, enquanto o país vivia o lento processo de abertura política, encontrei novos interlocutores e novos diálogos, muitos caminhos se abriram e muita coisa mudou em mim.

Entre esses novos interlocutores, um dos primeiros foi o Movimento Negro, que comecei a frequentar a convite de Edson, um advogado que morava na rua Marechal Francisco de Moura, vizinha ao Santa Marta. As discussões e mesmo as discordâncias com os vários grupos que formavam então esse movimento, certamente, contribuíram para alargar os limites da minha memória pessoal e da inserção da minha identidade pessoal numa história e numa memória social e me fizeram entender que um projeto coletivo que pretenda ser democrático não pode deixar de contemplar as lutas e as reivindicações de grupos excluídos por razões de etnia, de cultura, de gênero, de opções políticas ou por qualquer outra razão.

Também na segunda metade dos anos 1970, o intercâmbio com setores da igreja católica que então imprimiam direção na pastoral de favelas e mesmo na Conferência Nacional dos Bispos do Brasil (CNBB), ligados às Comunidades Eclesiais de Base e à teologia da libertação, contribuíram para alargar meus horizontes, primeiramente por compreender o papel da igreja, em particular de bispos como Dom Hélder Câmara, na denúncia no plano nacional e internacional dos abusos dos governos militares, mas também por tomar conhecimento de algumas publicações como o corajoso documento divulgado em 1973 e assinado por 13 bispos do Nordeste e cinco superiores religiosos intitulado "Eu ouvi os clamores do meu povo", em que estes denunciavam a situação de miséria crônica e crescente da maioria da população e acusavam o chamado "milagre brasileiro" de ser a maior ofensiva histórica no favorecimento da penetração de capitais estrangeiros no Brasil. Mas, foi sem dúvida a amizade fraterna e o diálogo constante com Agostinho Castejón, um jesuíta que morou e se integrou profundamente no Santa Marta, que deu rosto humano e alcance profundo a esse novo território da minha memória e da memória do Morro. Agostinho foi Vice-Reitor Acadêmico da PUC-Rio e Secretário Geral da CNBB, mas para mim foi um grande amigo, capaz como ninguém de pensar e fazer junto com o grupo que ajudou a formar com o pessoal do Santa Marta, professores e estudantes da PUC-Rio. Morreu cedo. E faz muita falta.

Foi a partir de 1979 que a atuação no Santa Marta, as muitas novas interlocuções e a vida me levaram a entrar de cabeça no tema, no movimento e na militância de favelas do Rio de Janeiro. Eram tempos de abertura política, início do último dos governos militares, mas todos temíamos retrocessos e ninguém tinha certeza de um futuro democrático para o país. Na Federação das Associações de Favelas do Rio de Janeiro (FAFERJ) era dura a disputa entre Chaguistas, que buscavam cooptar e subordinar o Movimento, e os chamados Autênticos, que buscavam uma maior autonomia para a organização política da população das favelas e de suas Associações de Moradores, e que ganham uma eleição não reconhecida pelos Chaguistas. Até 1982 passaram a existir duas FAFERJs.

A disputa foi judicializada e o grupo chaguista perdeu na justiça. Se no plano nacional o panorama não era tranquilo, no movimento de favelas o era ainda menos, sobretudo na medida em que, como não poderia deixar de ser, esse se entrelaça com as questões relativas à reformulação partidária e às disputas de poder. Aprender a transitar politicamente na arena pública, complexa, confusa e ainda sob o peso da ditadura, vejo agora ao revisitar na lembrança minha trajetória nos cinco anos finais da ditadura militar, não foi nada fácil. Mas foi também muito enriquecedor.

A partir da participação no Movimento de Favelas conheci e interagi com instituições que tiveram um protagonismo muito significativo na luta contra a ditadura, tais como a Ordem dos Advogados do Brasil (OAB), a Associação Brasileira de Imprensa (ABI) ou a já citada CNBB. Também foi lá que li, mais de uma vez, livros que me marcaram entre os quais lembro especialmente do livro de Moema Viezzer, "Se me deixam falar", e de Frei Beto, "Batismo de sangue", que me levou de volta ao episódio do assassinato de Carlos Marighella. E, por fim, foi a multiplicidade de novas interlocuções e a participação no Movimento de Favelas que me fizeram embarcar, no período final da ditadura militar, em experiências que o menino favelado que eu fui, nunca sonharia em viver.

Entre essas experiências, que trouxeram um aprendizado importante, ainda que nem sempre fácil, destaco quatro. Primeiro, a ida em 1980, com um companheiro do trabalho no Santa Marta, a Itaguarú, em Goiás, para ajudar nos trabalhos de uma comunidade camponesa, mas onde nos vimos em uma célula clandestina e passamos uma semana tensa que trabalhamos na roça; fomos olhados com desconfiança por sermos meninos do Rio; convivemos com um padre e uma moça ali escondidos, fugidos da polícia política e vimos a incessante tarefa de um mimeógrafo na produção de panfletos. Depois, a participação na 4ª Zona do PT em 81 e 82, onde encontrei pessoas que são referências para mim e aprendi o que é a dinâmica político-partidária. Em terceiro lugar, o mês que passei na diocese de Marabá, onde conheci de perto as Comunidades Eclesiais de Base (CEBs) e encontrei mulheres e homens inesquecíveis, precisamente na área onde teve lugar a guerrilha do Araguaia. E, ainda, as discussões sobre o projeto da futura Constituição Cidadã em vários fóruns do Rio de janeiro, o que terminou por possibilitar minha ida a um dos debates da Assembleia Constituinte, instalada em 1987, que viria a promulgar a Constituição de 1988.

São encontros e vivências que, para mim, deram concretude à história vivida e me permitem esboçar o mapa da minha identidade de cidadão, forjada em tempos em que a cidadania de todos nós foi sequestrada e a vida de muitos foi roubada.

Ao terminar esse exercício de memória, tenho a sensação de que me afasto do conjunto de fragmentos que, vistos de perto, mostravam um conjunto de peças de cores fortes ou descoloridas pelo tempo, algumas delas desaparecidas e deixando lacunas bem visíveis. Vistos à distância os fragmentos formam uma imagem coerente e nítida, na que eu me vejo e me sinto no dia 10 de abril de 1984, sentado no chão da Avenida Rio Branco, no meio de uma multidão de 1.000.000 de pessoas. Na nossa frente, projetadas a laser na cúpula da Candelária, apenas duas palavras: Diretas já. E como a memória não respeita a sucessão do tempo cronológico nem os limites do espaço físico, as minhas lembranças pessoais se diluem e se agigantam na memória coletiva. E ouço ressoar em mim uma estrofe do hino aprendido no Araguaia:

Pedra não para o caminho
Fogo não queima o luar
Eu já não canto sozinho
Canto em Xambioá.

REFERÊNCIAS

AMOROSO, Mauro; GONÇALVES, Rafael Soares. O advogado e os "Trabalhadores Favelados": Antoine de Magarinos Torres e a prática política nas favelas cariocas dos anos 1950 e 1960. In: *Estudos Históricos*. Rio de Janeiro: dezembro de 2016. Vol. 29. No 59, p. 707-724. DOI: **https://doi.org/10.1590/S2178-14942016000300008**.

CARDOSO, Rosangela; LUFT, M.; XIMENES, A. (Org.). *Urbanização de favelas no Rio de Janeiro*. Rio de Janeiro: Letra Capital, 2023.

CASTEJÓN, Agostinho. *Questão de ótica*. Rio de Janeiro: Mimeo, s.d.

CCBLS. *Fala*: cadernos de cidadania. Rio de Janeiro: UERJ/Faculdade de Direito, 2006.

Dicionário de Favelas Marielle Franco. Disponível em: **https://wikifavelas.com.br/index.php/Dicionário_de_Favelas_Marielle_Franco**.

GONÇALVES, Rafael Soares. *As favelas do Rio de Janeiro*: História e Direito. Rio de Janeiro: Pallas, 2013.

GONÇALVES, Rafael Soares; BRUM, Mário; AMOROSO, Mauro. (Org.). *Pensando as favelas cariocas*: memória e outras abordagens teóricas. Vol. 2, Rio de Janeiro: Editora PUC-Rio/Pallas, 2022.

MELO NETO, João Cabral de. *Morte e vida Severina*. Rio de Janeiro: José Olympio, 1981. (15ª ed.).

PANDOLFI, Dulce; GRYNSZPAN, Mário. Favelas e poder público: uma relação delicada. In: OLIVEIRA, Lúcia Lippi. (Org.). *Cidade:* história e desafios. Rio de Janeiro: Editora FGV, 2002.

PANDOLFI, Dulce; GRYNSZPAN, Mário. (Org.). *A favela fala:* depoimentos ao CPDOC. Rio de Janeiro: Editora FGV, 2003.

PEPPE, Atilio Machado. *Associativismo em rede na Favela Santa Marta (RJ)*. São Paulo: Editora Dialética, 2022.

PEREIRA, Rui; VIEIRALVES, Ricardo. (Org.). *Rio 40 Graus:* beleza e caos. Rio de Janeiro: Quartet/Instituto Cultural Cravo Albin/Labore/UERJ, 2002.

ROCHA, Adair. *Cidade cerzida*: a costura da cidadania no Morro Santa Marta. Rio de Janeiro: Editora PUC-Rio/Pallas, 2012.

VENTURA, Zuenir *1968*: o ano que não terminou. Rio de Janeiro: Nova Fronteira, 1988.

O PRIMEIRO DOCUMENTO OFICIAL A DENUNCIAR TORTURA NA DITADURA BRASILEIRA

JUREMA WERNECK

> Pensava-se que tortura se limitava à Idade Média. Contudo, nos anos recentes, as informações sobre tortura em prisões brasileiras e instalações militares são avassaladoras; centenas de depoimentos e testemunhos foram fornecidos. (...) A verdadeira razão que leva os governos a empregarem a tortura está, sem dúvida, no fato de que ela tem uma imensa capacidade de intimidação que muitas vezes consegue controlar os pensamentos e a vontade das pessoas, que são derrotadas pelo medo da tortura e aceitam situações ofensivas à sua dignidade humana. Os governos podem então ignorar todas as leis e direitos com a confiança de que as pessoas não se atreverão a registrar nenhum protesto (ANISTIA INTERNACIONAL, 1972, P. 24).

ESSE É UM DOS TRECHOS FINAIS de um relatório da Anistia Internacional lançado em 1972 e enviado às autoridades brasileiras e internacionais. Dele constavam nomes de 1.081 vítimas de tortura e de 472 responsáveis por tratamentos degradantes, durante o regime militar. Pela primeira vez, esse que se tornaria o maior movimento de direitos humanos no mundo publicava um relatório global sobre tortura, o qual, por sua vez, entraria para a história como o primeiro documento oficial a revelar dados e provas materiais de tortura por parte das autoridades brasileiras, a partir de testemunhos e relatos coletados na Europa pelas equipes da organização.

Estávamos, desde 1970, denunciando ao mundo prisões ilegais sob o regime ditatorial instalado no país. Documentamos em detalhes a situação de 119 presos, oferecendo apoio financeiro, mobilizando a atenção pública fora do país para suas terríveis histórias; e garantindo-lhes proteção, inclusive no exílio. As trocas de cartas entre exilados, membros da Anistia Internacional e presos políticos no Brasil é inclusive retratada em "Fico te Devendo uma Carta sobre o Brasil", filme em que a cineasta Carolina Benjamin parte das correspondências trocadas entre sua avó, Iramaya Benjamin e Marianne Eyre, da Anistia Internacional em Estocolmo, na Suécia, e a mobilização internacional que ambas lideraram e que culminou com a libertação e na acolhida no exílio de César Benjamin, filho mais novo de Iramaya e pai de Carolina.

Ainda em maio de 1970, representantes da Anistia Internacional se reuniram com o então presidente do Brasil, general Emílio Garrastazu Médici (1905-1985), e integrantes da Embaixada Brasileira em Londres. No encontro, um dossiê com nomes e denúncias de violações de direitos cometidas por agentes do regime foi apresentado, junto com a reivindicação para que pudéssemos realizar uma investigação independente *in loco* no país. Jamais obtivemos resposta.

Era um ambiente de medo e incertezas, em que uma enorme quantidade de vítimas não teve condições de registrar seus depoimentos, temendo represálias de agentes do Estado contra suas famílias no Brasil. Ameaçar parentes era uma prática da repressão, que reaparece em diversas histórias de suas vítimas.

A mobilização da opinião pública internacional e a pressão sobre o governo brasileiro se intensificaram a partir dos relatos de graves violações perpetradas pelo Estado brasileiro contra 11 ativistas presos e torturados pelo regime entre 1969 e 1972. Antônio Expedito Carvalho Pereira, advogado e professor, preso aos 41 anos, em março de 1969, em São Paulo; Ladislau Dowbor, economista, preso aos 31 anos em abril de 1970, em São Paulo; Lúcio Flávio Uchoa Regueira, professor e jornalista, preso aos 27 anos, em abril de 1970, no Rio de Janeiro; Vera Silva Araújo Magalhães, estudante de economia, presa aos 24 anos, em março de 1970, no Rio de Janeiro; Fernando Paulo Nagle Gabeira, jornalista, preso em janeiro de 1970 em São Paulo; Tullo Vigevani, jornalista, preso aos 29 anos, em agosto de 1970, em São Paulo; Roberto Cardoso Ferraz do Amaral, gráfico e estudante, preso aos 31 anos, em março de 1969, em São Paulo; Irmão Tito de Alencar, estudante de filosofia, preso aos 26 anos, em novembro de 1969, em São Paulo; Carlos Bernardo Vainer, estudante, preso aos 24 anos, em abril de 1970 no Rio de Janeiro; Jean Marc von der Weid, estudante, preso em janeiro de 1969, no Rio de Janeiro e Andres A. Campos, membro do Secretariado Latino-Americano da Internacional de Estudantes Católicos, detido aos 19 anos no Uruguai e enviado ao Brasil onde foi preso em novembro de 1971, informaram ao mundo, com riqueza de detalhes, o que se passava nas prisões e centros de tortura instituídos pelo regime.

A indiferença não era uma opção: essas pessoas passaram por severas torturas, como "pau-de-arara", choques em todas as regiões do corpo, sevícias nos dentes e unhas, surras, exposição ao frio, privação de sono, afogamentos, ameaças a seus familiares, violência sexual, entre outras. Na maioria dos relatos é mencionada a presença de médicos que estiveram presentes às sessões para garantir não o socorro, mas a "eficácia" daquelas práticas criminosas. Dos 11 depoentes, sete foram soltos sem que tivessem passado por qualquer tipo de julgamento.

Mesmo com nomes, listas de locais, testemunhos, e outras informações consistentes, o governo brasileiro continuava a afirmar que inexistia tortura no país, a não ser por supostas situações episódicas, fora do controle das autoridades oficiais.

As denúncias documentadas pela Anistia Internacional apresentaram uma descrição precisa da anatomia do regime de exceção, seus aspectos legislativos, judiciais e políticos, e os mecanismos que utilizava para tentar legitimar violações de direitos praticadas por agentes do Estado e fornecer uma espécie de fachada que, em tese, ajudaria a esconder ou maquiar — inclusive para outros países — a barbárie que ocorria nos chamados "porões" da ditadura.

A Anistia Internacional, na denúncia apresentada há mais de meio século, retratou um país incapaz de aprender com a memória dos tempos de violência e tortura de suas próprias fundações, quando a invasão territorial, o domínio e a escravização de povos indígenas, de africanos e afrodescendentes, em que lugares de tortura (pelourinhos) eram edificados e disseminados em ambientes públicos para garantir o poder dos governantes de então.

Um triste retrato que, de certa forma, segue até os dias de hoje e nos lembra que o Brasil atual e seus governantes seguem não cumprindo seus deveres quanto aos direitos à memória, verdade, justiça e reparação das vítimas dos governos de exceção. Nesse sentido, dois trechos da denúncia de 1972 chamam atenção em particular: o destaque para o absoluto desprezo das autoridades pelo devido processo legal, pois já havia "milhares de presos políticos no Brasil que aguardavam julgamento há quase três anos" e, em segundo lugar, a menção expressa à tortura que acontecia também fora dos quarteis, seus perpetradores, policiais que já se reuniam nos chamados "esquadrões da morte", e suas vítimas, as pessoas que, uma vez criminalizadas, eram eliminadas sumariamente por esses grupamentos de assassinos com insígnias policiais.

Mais de 50 anos separam o Brasil pós-redemocratização, da década de 2020, daquele de 1972 e, atualmente, são 832.295 presos no Brasil, um em cada quatro deles permanecem sem julgamento. Mesmo apesar de o STF ter apontado o estado de coisas inconstitucional do sistema carcerário brasileiro. Predominam nas prisões brasileiras os jovens, negros, de baixa renda e escolaridade. Esses provavelmente também já eram maioria entre os encarcerados em 1972, uma vez que o racismo atravessa gerações. "Os depoimentos sobre casos de tortura levam à conclusão de que a tortura continua no Brasil", dizia o relatório da Anistia Internacional de 1972. O achado segue valendo para os dias atuais.

Mais de 50 anos depois do primeiro relatório sobre as violações de direitos humanos, que incluíam assassinatos, tortura, desaparecimentos forçados e a persistente violação, até hoje, do direito à memória, à verdade, à justiça e à reparação, a Anistia Internacional cresceu, se espalhou pelo mundo e hoje somos um movimento global de 10 milhões de pessoas que assumem a responsabilidade de lutar por justiça. É também uma missão nossa fazer com que os direitos humanos sejam vividos por todas as pessoas, em todos os lugares do planeta.

No Brasil desde a década de 1960 do século passado, ampliamos nossa atuação a partir da criação da Anistia Internacional Brasil, uma entidade nacional que se junta ao movimento internacional desde 2011. Seguimos confrontando a violência estatal, denunciando e pressionando autoridades que descumprem seus deveres quanto aos direitos humanos, além de apoiar e proteger ativistas, bem como seu direito a protestar contra arbitrariedades, injustiças e violações.

Seguimos atuando para quebrar o ciclo de não responsabilização dos envolvidos nos crimes do regime militar e daqueles que seguem produzindo práticas de tortura, execuções extrajudiciais e desaparecimentos forçados, levadas à cabo por parte das forças de segurança pública brasileiras. Esse é um passado que precisa cessar no Brasil.

É imprescindível que as autoridades competentes atuem para garantir o funcionamento adequado de mecanismos capazes de efetivar e garantir os direitos de memória, verdade e justiça das vítimas das arbitrariedades perpetradas pelo Estado brasileiro. Para que não haja repetição e para que nunca mais o país seja controlado por autoridades incapazes de cumprir suas obrigações com os direitos humanos.

A DITADURA MILITAR E A APOSTA NA FALSA DEMOCRACIA RACIAL[1]

YNAÊ LOPES DOS SANTOS

Ao centro senhores sentados
Vendo a colheita do algodão branco
Sendo colhidos por mãos negras.

ZUMBI, JORGE BEN JOR, 1974

NO DIA 13 DE MAIO DE 1971, Petrópolis parou. A cidade recebeu as maiores autoridades do país: o presidente Médici (1969-74), acompanhado de sua esposa, d. Scylla, alguns de seus principais ministros e generais, além dos governadores dos estados do Rio de Janeiro e da Guanabara, para uma cerimônia que marcava o traslado dos restos mortais da princesa Isabel e de seu marido, o conde d'Eu, para a catedral de Petrópolis, onde se encontravam os despojos de d. Pedro II e de sua esposa, a imperatriz Teresa Cristina.

1 Esse texto foi originalmente publicado no livro *Racismo Brasileiro. Uma história da formação do país* (Todavia, 2022).

A data foi escolhida a dedo. Aquele também era o dia em que se comemoravam 83 anos da abolição da escravatura e da Lei Áurea, assinada pela princesa Isabel — que entrou para os anais da história como "A Redentora". Em nome de todo o governo, o ministro da Educação Jarbas Passarinho fez um discurso inspirado, no qual não só enalteceu a figura da princesa regente e de seu marido, como também sublinhou que, apesar de representar um governo republicano, "o regime político não fraturou a coerência dos tempos e, acima de todas as vicissitudes — que marcam a escalada serena do Brasil —, os homens de hoje se inclinam diante das gerações extintas, para bendizer a mão redentora que despedaçou os ferros da escravidão, o pulso militar que, a serviço do Brasil, manejou a espada vitoriosamente".[2]

Esse episódio, que contou com uma chuva de flores na catedral e foi noticiado nos jornais de maior circulação do país, diz muito sobre o projeto de nação levado a cabo durante a ditadura militar. Em primeiro lugar, nota-se a presença do alto escalão da República brasileira numa cerimônia que reconhecia e enaltecia a figura da princesa Isabel — a mulher que chegou a representar a esperança do terceiro reinado do Império do Brasil. Em segundo, o discurso oficial foi proferido por ninguém menos que o ministro da Educação. Em terceiro, surpreende a pregação oficiosa de que a história do Brasil — inclusive o golpe de 1889, que resultou na implementação do regime republicano — teria sido uma escalada serena e livre de conflitos. E em quarto e último lugar temos que a abolição da escravidão foi resultado da mão

2 "Isabel repousa em Petrópolis". *O Estado de S. Paulo*. 14 maio 1971. Disponível em: **https://acervo.estadao.com.br/pagina/#!/19710514-29479-nac-0011-999-11-not/tela/fullscreen**. Acesso em: 30 out. 2021.

redentora da princesa Isabel, e não fruto das ações do movimento abolicionista.

Temos aqui uma articulação muito bem orquestrada para propagar uma ideia antiga, mas que, não por acaso, ganhou especial relevância na ditadura militar: o Brasil era um país pacífico e sereno, cuja história havia sido escrita por muitos heróis e algumas heroínas, na sua imensa maioria brancos. Essa percepção foi amplamente divulgada nas escolas brasileiras durante o regime. Na verdade, a educação foi uma pasta crucial do governo por ser uma ferramenta necessária para duas dimensões fundamentais: o desenvolvimento econômico e a segurança nacional.

Do ponto de vista econômico, o governo militar apostou no desenvolvimento industrial e tecnológico do país, incentivando e fomentando a formação de parques industriais e, consequentemente, privilegiando a vida nas cidades. Para que esse plano fosse colocado em prática, era necessário formar trabalhadores capacitados para as novas indústrias. Todavia, essa formação não poderia colocar em risco a hierarquia de poderes e muito menos a ordem pública. Ou seja, a educação da classe trabalhadora deveria andar de mãos dadas com os preceitos de segurança nacional estabelecidos pelo governo militar.

A capacitação dos cidadãos brasileiros não deveria representar a maior entrada deles nas universidades. Por isso, o ensino médio se tornou um espaço privilegiado de profissionalização para a imensa maioria da população, ao mesmo tempo que o controle da entrada no ensino superior se intensificou com a criação do vestibular, que apenas reforçava o caráter elitista do mundo acadêmico brasileiro.

Para coordenar os diferentes (e hierarquizados) tipos de educação, foi realizada a reforma do ensino em 1971, que visava a formação de cidadãos pouco ou nada críticos, mas preparados para o mercado de trabalho e com senso cívico aflorado. Vale lembrar que essa reforma foi implementada por Jarbas Passarinho, o mesmo ministro que discursou no evento de Petrópolis. Então não surpreende que o ensino geral e o de história, em particular, tenham sido fortemente controlados pelo governo militar.

Esse controle foi exercido de diferentes formas. Em primeiro lugar, foram implementadas políticas deliberadas de precarização da formação de professores, que ficaram especialmente nítidas com a instituição das licenciaturas curtas de terceiro grau. Com esses cursos de um ano e meio de duração, muitos oferecidos por instituições privadas, professores eram formados sem ingressar na universidade. Além disso, as disciplinas de história e geografia foram substituídas por estudos sociais. Ou seja, em dezoito meses quem quisesse lecionar as matérias de ciências humanas, concluiria sua formação e poderia atuar no sistema educacional.

E o que isso tudo tem a ver com o racismo?

Pois bem, a abertura das licenciaturas curtas e a implementação da matéria estudos sociais foram políticas públicas que dificultaram propositadamente a formação de cidadãos críticos, dispostos a questionar a ordem vigente. Conforme mencionado, o governo militar tinha uma atenção especial pelos conteúdos ministrados nas aulas de estudos sociais. A história ensinada nas escolas deveria auxiliar na justificação do sistema vigente, despertando o caráter cívico em professores e alunos, o que tornou a matéria uma sucessão linear de fatos e personagens heroicos, num recorte que privilegiava os acontecimentos políticos e militares escolhidos por aqueles que estavam no poder.[3]

O sistema educacional brasileiro se transformou numa importante máquina de perpetuação de uma visão europeia e branca da história, que insistia em entender o Brasil como uma democracia racial bem-acabada. O "Brasil oficial" criado pelo governo militar era um país cuja história continuava naturalizando a experiência da população branca como universal, ao mesmo tempo que silenciava trajetórias de negros, indígenas e mestiços — isso sem contar de sociedades não brancas ao redor do mundo.

Como propagandeado nos governos de Getúlio Vargas e de Juscelino Kubitschek, havia a persistência em acreditar na ideia de que o Brasil era o país do futuro. As condições naturais, as dimensões territoriais e a localização estratégica no Cone Sul pareciam ser argumentos suficientes para apostar nisso como vocação nacional. Assim, era preciso fazer os investimentos necessários e garantir as circunstâncias ideais para que "ordem e progresso" não fosse apenas um lema.

O alinhamento do país ao bloco capitalista durante a Guerra Fria era uma das premissas do regime militar, que, como outras ditaduras instauradas na América Latina, contou com forte apoio dos Estados Unidos. Tal alinhamento representava não só a adoção de dinâmicas e práticas sociais e econômicas do capitalismo, como também a luta contra arqui-inimigo: o comunismo. Assim, a doutrina

3 Sobre o ensino de história durante a ditadura militar, ver: Marilena Chauí, "A reforma do ensino de história". *Discurso*, São Paulo, FFlch-Usp, n. 1978; Selva Guimarães Fonseca, *Caminhos da história ensinada*. São Paulo: Papirus, 1993; Luiz Fernando Cerri (Org.), *O ensino de história na ditadura militar*. Curitiba: Aos Quatro Ventos, 2003.

de segurança nacional tinha por objetivo garantir que o desenvolvimento do país não sofresse interferências de antagonistas internos e externos. A função do governo era preservar a ordem, nem que para fosse necessário utilizar forças policiais e militares no combate a todo tipo de subversão, numa política na qual os fins justificavam os meios — que podiam incluir a supressão dos direitos humanos e do próprio direito à vida.

O comunismo não era o único inimigo do regime militar. O Estado nacional brasileiro passou a encarar o racismo como uma invenção da esquerda, o que fazia da luta antirracista uma forma de subversão da ordem.[4] É preciso lembrar que uma das premissas ideológicas da ditadura era a crença de que o Brasil seria quase um modelo a ser seguido quando o assunto era relações raciais. De certo modo, foram feitos esforços para afirmar o compromisso do regime na luta contra a discriminação racial, o que pode ser visto no artigo 150 da Constituição de 1967 e parece ter sido ratificado nos

4 Estudos que analisam a ditadura militar através da questão racial são relativamente recentes na historiografia e quase todos propõem análises verticais de localidades específicas do país. Ver: Karin Sant'Anna Kössling, *As lutas antirracistas de afro-descendentes sob a vigilância do DEOPS/SP (1964-1983)*. São Paulo, Usp, 2007, dissertação de mestrado; Marize Conceição de Jesus, *O legado da militância negra pós- 64 para a democratização das relações étnico-raciais*. Rio de Janeiro, UFRRJ, 2015, dissertação de mestrado; Thula Rafaela de Oliveira Pires, "Estruturas intocadas: Racismo e ditadura no Rio de Janeiro". *Revista Direito e Práxis*, Rio de Janeiro, v. 9, n. 2, 2018, pp. 1054-79; Greice Adriana Neves Macedo, *O Grupo Palmares (1971-1978) e suas estratégias de enfrentamento ao racismo da ditadura de segurança nacional brasileira*. Porto Alegre, UFRGS, 2020, dissertação de mestrado; Antonio Sérgio Guimarães, "Ação afirmativa, um balão de ensaio em 1968". Em *Modernidades negras*, op. cit., pp. 193-224. PIRES, Thula. *Colorindo memórias: Ditadura militar e racismo*. In: Comissão da Verdade do Rio, Relatório. Rio de Janeiro, CEV-Rio, 2015, pp. 127-137.

compromissos firmados pelo governo com a comunidade internacional nos dois anos subsequentes, sendo o mais importante a Convenção Internacional sobre a Eliminação de Todas as Formas de Discriminação racial, assinado na Organização das Nações Unidas (ONU), em 1969.

Aparentemente, o "Brasil oficial" não era apenas um país sem racismo, mas também um cujas autoridades do alto escalão se colocavam abertamente contrárias ao preconceito racial. Essa postura parecia funcionar bem até a página dois. Um olhar mais atento permite notar que o racismo era uma questão tensa para o regime militar, o que pode ser atestado, por exemplo, quando o Itamaraty, ainda em 1964, promoveu o Seminário Internacional sobre Cultura Africana, no Rio de Janeiro. O evento não contou com a participação de nenhuma entidade e nenhum intelectual negros. Essa não foi a única vez que o Ministério das Relações Exteriores tentou definir, ao menos internamente, como deveria acontecer o debate sobre questões raciais. Ao assinar a convenção com a ONU em 1969, o Itamaraty decidiu manter sigilo sobre as restrições que constavam nos termos do documento.

Era necessário, a todo custo, evitar que "o problema do negro" minasse o bem-acabado mito da democracia racial brasileira.[5] Não por acaso, durante o mandato do presidente Médici — o período mais violento do regime militar —, jornais de pequeno e grande porte foram proibidos de publicar matérias sobre índios, esquadrão da morte, movimento negro e guerrilha. Era como se essas questões não existissem no "Brasil oficial".

5 Sobre a defesa do mito da democracia racial no período ver: Carlos Fico. *Reiventando o otimismo: Ditadura, propaganda e imaginário social no Brasil*. Rio de Janeiro, Editora FGV, 1997.

Mas havia uma parcela da população, majoritariamente negra e indígena, que insistia em apontar e denunciar o racismo que ordenava as relações sociais, econômicas e políticas do país, desconstruindo por dentro a falaciosa ideia de harmonia racial. Num regime autoritário e violento, essas pessoas deveriam ser silenciadas.

As ações para tratar do que a própria ditadura intitulou "o problema do negro" tiveram três direções distintas. A primeira foi a já mencionada reforma escolar, que pregava um ensino acrítico e retirava de livros e guias didáticos a agência da população negra e indígena. As outras duas estavam alicerçadas nos serviços de espionagem, que monitoravam movimentos e associações negras, e na atuação dos órgãos de repressão contra a população negra.

Os serviços de espionagem e monitoramento implementados pelo regime militar estavam diretamente ligados ao papel central que a Escola Superior de Guerra (ESG) passou a desempenhar durante a ditadura. Fundada em 1948, inspirada nos *war colleges* dos Estados Unidos, a ESG é um instituto de altos estudos de política, defesa e estratégia subordinada à Presidência da República, cuja função é proporcionar uma formação acadêmica para as elites militares e civis no que diz respeito ao desenvolvimento e à segurança.

A forte influência norte-americana exercida (historicamente) na Escola Superior de Guerra ajuda a compreender por que o "racismo do negro" se tornou uma questão para a entidade. Embora as autoridades brasileiras se valessem do mito da democracia racial — que, em certa medida, afastava a realidade do país das políticas de segregação e apartheid experimentadas nos Estados Unidos e na África do Sul —, o monitoramento de entidades negras já era praticado desde o Estado Novo. No entanto, no contexto de transformação social e cultural que marca a década de 1960, os movimentos negros passaram a ser vistos como ainda mais subversivos, haja vista o exemplo dos Panteras Negras nos Estados Unidos ou a adoção do comunismo por muitas das recém-criadas nações africanas.

Respaldada por parte significativa da burguesia brasileira, a ESG foi um órgão fundamental para a legitimação teórica do Brasil como um país pacífico, multiétnico, no qual a miscigenação teria permitido zonas de confraternização entre as raças e culturas de forma democrática. Tais pressupostos faziam parte dos manuais elaborados pela instituição, que reforçavam certa boçalidade e passividade da população negra, ao mesmo tempo que negava qualquer tipo de desigualdade social entre brancos e negros.

Mas essas foram ações "preventivas" da Escola Superior de Guerra. Ao adotar a doutrina de segurança nacional, a ESG reforçava o alinhamento do Brasil com os Estados Unidos, deixando evidente que a luta antirracista seria tratada como uma afronta à ordem, um crime previsto pela Lei de Segurança Nacional.

Nos últimos anos, graças ao importante trabalho promovido pela Comissão Nacional da Verdade, instituída em 2012, parte da repressão feita pelo regime militar às lutas negras tem sido revelada. No âmbito internacional, a rede de espionagem formada pelo Centro de Informações do Exterior (Ciex) e pela Divisão de Segurança e Informações (DSI) do Itamaraty vigiava as ações e as redes construídas com expoentes estrangeiros da luta antirracista por lideranças negras brasileiras. Internamente, o Serviço Nacional de Informação (SNI) foi peça fundamental na espionagem de entidades negras entre as décadas de 1960 e 1980. Um relatório de mais de quatrocentas laudas entregues ao órgão demonstra a atenção dada a movimentos e associações de vários lugares do país que trouxeram à tona o debate racial, bem como o acompanhamento de parte das articulações que criaram o Movimento Negro Unificado (MNU), em 1978.

Os infiltrados tentavam participar das reuniões de entidades negras e monitorar os jornais criados que, assim como a imprensa negra do início do século 20, haviam se tornado instrumentos importantes na divulgação do debate racial. No Rio de Janeiro, os bailes black — que ficaram famosos sobretudo na década de 1970, sendo frequentados por milhares de pessoas — também passaram a ser vigiados pelos órgãos de repressão[6]. Além do medo da penetração de ideais externos subversivos, como os propagados pelos Panteras Negras, havia a compreensão por parte das autoridades de que movimentos que reforçassem positivamente a negritude e a ancestralidade africana estariam promovendo uma espécie de guerra psicológica, ameaçando assim a segurança nacional.

Em um país no qual a experiência republicana havia sido erguida sobre ideais eugenistas, a simples afirmação de que o "negro é lindo" era um ato político que não poderia ficar impune. Junto com a espionagem e a vigilância de uma série de movimentos, organizações, jornais, clubes recreativos e associações criadas pela população negra brasileira, o regime militar também fez uso recorrente das forças policiais para tentar garantir que a "negrada" ficasse quieta, em seu lugar. Algumas lideranças chegaram a ser sequestradas

6 Sobre bailes blacks e repressão na ditadura militar ver: Carlos Eduardo de Freitas Lima. *Sou Negro e tenho orgulho: Política, identidade e música negra no black Rio (1960-1980)*. Niterói, dissertação de mestrado, Programa de Pós-graduação em história da UFF, 2017; PEDRETTI, Lucas. *Dançando na mira da ditadura. Bailes soul e violência contra a população negra nos anos 1970*. Rio de Janeiro, Arquivo Nacional, 2022.

pelos órgãos de repressão, que também inviabilizaram encontros promovidos por entidades que estavam discutindo a questão racial no país. A ideologia da vadiagem continuou sendo um argumento utilizado pela polícia para realizar uma série de prisões arbitrárias da população negra, apontando que o Estado ainda se valia de uma perspectiva próxima à eugenia para guiar suas ações. Homens negros eram vistos como criminosos em potencial, situação que era agravada se fossem pobres, e que poderia representar dias ou semanas na cadeia se estivessem sem os documentos. Em determinadas ocasiões, junto com as prisões arbitrárias, quem tivesse um penteado black power, símbolo máximo dos movimentos de luta e afirmação identitária negra na época, tinha o cabelo raspado pelos policiais. O recado estava dado.

Nos grandes centros urbanos, documentos produzidos pelos órgãos estatais em 1971 demonstram que blitzes e batidas policiais eram uma política pública do regime militar nas principais favelas do país. Para garantir a ordem num espaço habitado sobretudo por negros pobres, era sugerido de três a quatro batidas semanais, seguindo uma lógica de vigiar e punir. A intersecção entre pobreza e negritude tornava essa parcela da população ainda mais vulnerável para os grupos de extermínio que passaram a atuar de forma sistemática em algumas regiões do país, como na Baixada Fluminense.[7]

Embora isso já tenha sido pontuado por diversos estudos, é fundamental sublinhar que a ditadura militar foi um

7 A formação dos grupos de extermínio que atuaram durante o período militar e a ação de paramilitares na Baixada Fluminense pode ser compreendida de forma mais aprofundada no trabalho de José Cláudio Souza Alves, *Dos barões ao extermínio: Uma história da violência na Baixada Fluminense*. Rio de Janeiro: Consequência, 2020.

período de institucionalização da violação dos direitos humanos no Brasil. A justificativa oficial era a famigerada segurança nacional. Para garantir a ordem e a boa governança, foi montado um aparelhamento do Estado que visava promover uma democracia autoritária, que chegou a querer intervir em aspectos privados da vida dos cidadãos brasileiros, como nos lembra a repressão violenta e moral exercida pelo governo contra a população LGBT.[8] O comunismo era o grande inimigo, mas ele não andava sozinho.

A ideia de ordem propagada partia do pressuposto da harmonia racial à brasileira: uma harmonia na qual a população branca não só ocupava os espaços de poder e prestígio, como também definia o que era "normal", o que era bonito, o que era civilizado e o que era o Brasil. Toda e qualquer ação que maculasse essa falaciosa ideia — que, a bem da verdade, vinha sendo gestada havia décadas pelas classes dominantes — era enquadrada como subversão. Questionar a ordem racial vigente era rebeldia. Afirmar que o negro é lindo e usar o cabelo crespo era rebeldia. Positivar as heranças africanas era rebeldia. Ser indígena e reivindicar o direito de manter dinâmicas e tradições ancestrais não era apenas rebeldia, mas também atraso.

Ainda que as violências e discriminações experimentadas pelas populações indígenas tenham sua história própria, com uma série de particulares, é inevitável atrelá-las à base racista que sustentou os projetos de Brasil levados a cabo pelas elites oligárquicas do país. Durante a ditadura militar, as populações indígenas sofreram uma série de violências, muitas delas justificadas pela aposta no progresso desenvolvimentista

8 Renan Quinalha, *Contra a moral e os bons costumes:* A ditadura e a repressão à comunidade LGBT. São Paulo: Companhia das Letras, 2021.

do regime. A construção da Transamazônica, rodovia que atravessaria o país e fazia parte do Programa de Integração Nacional (PIN), alterou a vida de dezenas de sociedades indígenas, muitas das quais ainda viviam de forma isolada. A construção de hidrelétricas na região Norte do país também representou a remoção de centenas de aldeias, causando a morte indireta de milhares de indígenas. Além disso, o Estado tomou diversas terras indígenas.

A lógica era vigiar e punir todos que ousassem sair dos espaços sociais que lhes cabiam, sobretudo aqueles que eram considerados selvagens e incivilizados. Junto com o desprezo institucionalizado pelas formas de vida das populações indígenas, o regime militar também criou prisões específicas para esse grupo, como o Reformatório Agrícola Indígena Krenak e a Fazenda Guarani, realizou encarceramentos clandestinos e tortura e criou milícias, que atuavam sob a tutela de órgãos públicos federais para garantir a "aculturação" indígena, ou seja, transformá-los em mão de obra barata.[9]

O grau de violência empregada contra as populações negra e indígena também nos dá a medida das lutas que elas travaram para a construção de um outro Brasil, muitas delas abertas e declaradas. A organização do Movimento Negro Unificado, em 1978, é um dos tantos exemplos do que se convencionou chamar de "renascimento do movimento

9 O já mencionado trabalho feito pela Comissão Nacional da Verdade tem desnudado violências cometidas pelo regime militar, inclusive contra as populações indígenas. Sobre a relação da ditadura com as populações indígenas, ver: Rubens Valente, *Os fuzis e as flechas: A história de sangue e resistência indígena na ditadura militar*. São Paulo: Companhia das Letras, 2017. Para ler os relatórios da comissão, ver: **https://memoriasdaditadura.org.br/indigenas/** e **http://comissaodaverdade.al.sp.gov.br/relatorio/tomo-i/parte-ii-cap2.html**.

negro", que tinha pautas abertamente antirracistas e, não por acaso, foi vigiado por espiões do regime militar. m outras situações, essas lutas eram travadas através da música e da dança, fazendo de bailes black, blocos de afoxé e festividades religiosas um microcosmos de uma nação que, havia séculos, tinha na cultura uma forma de fazer política.

Para os governantes, o Brasil continuava sendo um extenso e caudaloso rio branco, cujos afluentes negro e indígena não podiam transbordar. Mas eles transbordavam.

A CONCILIAÇÃO QUE NOS TROUXE ATÉ AQUI

LUCAS PEDRETTI

DESDE OS ACONTECIMENTOS do 8 de janeiro de 2023, a discussão sobre responsabilização *versus* anistia ganhou enorme fôlego. Os gritos de "Sem Anistia!" que já haviam sido ouvidos na posse de Lula multiplicaram-se, e o coro contra a impunidade foi engrossado.

No entanto, dizer-se a favor de punição não é o suficiente. Muitas podem ser as formas de se levar adiante um processo de responsabilização. Serão julgadas apenas pessoas como Dona Fátima, a idosa de Santa Catarina condenada por tráfico de drogas que disse ter defecado no Supremo Tribunal Federal? Ou entrarão no rol também os financiadores, apoiadores e mentores intelectuais dos atos?

As autoridades têm prometido não deixar ninguém impune. Ao mesmo tempo, no entanto, uma operação parece ter sido deflagrada para deixar intocados aqueles cujas digitais estão em todas as etapas do fatídico 8 de janeiro: os militares. Generais como Sérgio Etchegoyen e Paulo Chagas vieram a público afirmar que as falas de Lula criticando as Forças Armadas "queimam pontes" e impedem a "pacificação" da caserna. Ao mesmo tempo, analistas que usualmente amplificam as vozes dos generais que falam em *off* aumentam o coro por uma acomodação em que os fardados mais graúdos não sejam incomodados.

Uma das ações dessa operação consiste em isolar meia dúzia de militares que participaram diretamente da tentativa de golpe para que sejam investigados e, eventualmente, punidos. Quando Lula e os comandantes das três Forças almoçaram juntos em 20 de janeiro de 2023, a imprensa noticiou que um dos objetivos dos militares era sinalizar seu desejo de "virar a página". A demissão do comandante do Exército, Júlio César de Arruda, cuja postura escancarou a conivência do Exército com os golpistas, veio horas depois. Apesar da importância do gesto de Lula, a exoneração de Arruda não será suficiente para alterar o cenário se não vier acompanhada de outros movimentos que imponham a autoridade civil sobre as Forças Armadas.

"Pacificar" e "virar a página" são termos que, ao lado de outros que vêm sendo amplamente utilizados — tais como "esquecer" e "conciliar" –, remetem de imediato ao contexto da redemocratização nos anos 1980, depois de duas décadas de ditadura militar. A memória daqueles tempos tem sido muito evocada pelas palavras de ordem que recusam uma nova anistia.

Desde meados dos anos 1970, quando teve início a autoproclamada "abertura lenta, gradual e segura", um dos objetivos principais dos militares se tornou garantir não apenas a impunidade dos torturadores, mas também o esquecimento do passado. Esse é o sentido profundo da Lei da Anistia de 1979: impedir a responsabilização criminal, é claro, mas também garantir que as Forças Armadas não seriam vistas, pela opinião pública e pelo conjunto da sociedade, como responsáveis pela violência da repressão e pela tragédia econômica e social do regime.

O núcleo fundamental desse processo foi a recusa ao chamado "revanchismo" — termo a partir do qual os militares caracterizavam qualquer demanda por memória, verdade, justiça e reparação. Nos documentos de órgãos repressivos da ditadura, as primeiras menções ao termo "revanchismo" começaram a aparecer em meados da década de 1970. À medida que a mobilização social por uma anistia "ampla, geral e irrestrita" avançou, cresceu a repercussão das histórias de tortura e dos casos de mortos e desaparecidos políticos. Com isso, as referências ao termo pelos órgãos de informação da ditadura também se multiplicaram.

A ditadura militar mobilizou todos seus recursos políticos e repressivos para aprovar a Lei da Anistia, em agosto de 1979. O texto dos generais, aprovado por um Congresso ainda marcado pelas intervenções do regime, foi o oposto da anistia demandada pela sociedade civil. A lei garantia a base jurídica para a impunidade dos militares. Mas a imposição do esquecimento seria garantida como resultado de uma operação levada adiante ao longo dos anos seguintes.

Uma operação militar, é claro. Mas que não poderia ter sido bem-sucedida se não tivesse contado com a ampla complacência das elites políticas civis e da imprensa. Um amplo conjunto de sujeitos e grupos, que não tinham interesse algum em remexer o passado, se engajaram fortemente para vetar qualquer tentativa de que a transição para a democracia passasse pelo reconhecimento e pela reparação das violências da ditadura.

Em fevereiro de 1981, a ex-guerrilheira Inês Etienne Romeu veio a público relatar a existência de um centro clandestino de tortura e desaparecimento forçado operado pelo Centro de Informações do Exército (CIE) em Petrópolis, Rio de Janeiro. Como única sobrevivente do local conhecido como Casa da Morte, Inês guardou ao longo dos anos em que esteve presa informações que a permitiram, mais tarde, rastrear o local exato da casa.

Libertada da prisão pela Lei da Anistia, em fevereiro de 1981 ela foi até Petrópolis, acompanhada de militantes, políticos, advogados e da imprensa, para reconhecer o imóvel e ajuizar uma ação contra seu dono, um alemão que havia cedido a casa para o CIE. A denúncia pública de Inês foi o primeiro episódio pós-anistia em que o termo "revanchismo" esteve no centro do debate público.

A caserna reagiu com força à denúncia de Inês. Os três ministros militares soltaram notas públicas repudiando sua ação. Dirigentes e representantes civis do regime também se manifestaram. "Acho que o pessoal anda esquecido de que se fez anistia para conciliar a família brasileira. O caso da moça sensibiliza a todos nós. Mas a mensagem da anistia, da conciliação e do esquecimento deve pairar acima de tudo", afirmou em entrevista ao jornal *O Globo* o líder do Partido Democrático Social (PDS) — o partido governista, sucessor da Aliança Renovadora Nacional (Arena) — na Câmara dos Deputados, Nelson Marchezan.

A fala de Marchezan sintetiza de maneira bastante clara o tom que as lideranças do regime adotariam ao falar das denúncias de Inês Etienne. Mas o discurso do deputado ainda fazia algum tipo de concessão acerca da gravidade das denúncias. A mesma sensibilidade não apareceu no pronunciamento do então ministro da Aeronáutica, Délio Jardim de Matos. "Em verdade", disse o militar na ocasião, "o que se pretende agora, exumando supostas vítimas do passado, é tumultuar um presente de paz e tranquilidade que não interessava e continua não interessando aos que se venderam ao credo do quanto pior, melhor".

Em sua manifestação, o militar não apenas não se mostrava sensibilizado pelo "caso da moça", como trazia à tona dois pontos fundamentais dos discursos sobre o "revanchismo". O primeiro era a ideia de que a Lei da Anistia representava uma ruptura temporal que permitia sair de um passado marcado pelo conflito para um presente "de paz e tranquilidade". O segundo dizia respeito às vítimas. Ao caracterizar Inês como uma "suposta vítima", Jardim de Matos colocava em questão a legitimidade do relato de ex-presos políticos. Expressava, com isso, um dos propósitos fundamentais do texto da Lei da Anistia: ao perdoar os torturadores, mas não os condenados pelos chamados "crimes de sangue", os militares buscavam cristalizar a imagem dos militantes de esquerda presos, torturados e mortos como "subversivos" e "perigosos", e não vítimas. Sua concepção reforçava, portanto, que a repressão da qual o Estado lançara mão fora necessária e legítima.

A ação de Inês Etienne, pouco menos de dois anos após a promulgação da lei, recolocava essa discussão em cena. Isso porque Etienne reivindicava, mesmo como ex-integrante da luta armada, o reconhecimento público de que a violência a que fora submetida em um centro clandestino de prisão e tortura era ilegítima e deveria ser condenada — se não pela Justiça, ao menos pela opinião pública. Por sua vez, a declaração de Jardim de Matos apontava para a forma como os militares responderiam a esse tipo de reivindicação: não seria aceitável mexer nos termos cristalizados pela Lei da Anistia sobre as vítimas do passado, em nome da "paz e tranquilidade" do presente.

A segunda vez em que o debate sobre o "revanchismo" ganhou as primeiras páginas dos jornais foram as eleições gerais de 1982. Tratava-se de eleições grandes, para vários cargos. O bipartidarismo havia acabado, e inúmeros políticos cassados pela ditadura puderam participar do pleito. Numa tentativa de manter o processo sob controle, o regime baixou um pacote eleitoral em novembro de 1981, proibindo as coligações eleitorais e introduzindo a exigência do voto vinculado.

Sem a possibilidade de coligações, o Partido Popular (PP) de Tancredo Neves ficou em situação de fragilidade e decidiu se incorporar ao Partido do Movimento Democrático Brasileiro (PMDB), herdeiro do MDB, a oposição consentida da ditadura. Na prática, com isso, as eleições reproduziriam o velho bipartidarismo do regime, agora com PMDB e PDS.

Em um cenário de crise econômica e de enorme desgaste do governo, a perspectiva era desanimadora para os militares. Nessa conjuntura, foi intensa a exploração do tema do "revanchismo" por parte do regime.

Durante a disputa eleitoral, alguns candidatos do Partido dos Trabalhadores (PT), do Partido Democrático Trabalhista (PDT) ou mesmo do PMDB utilizavam como ativo eleitoral o fato de terem sido perseguidos pela ditadura. A esse tipo de propaganda, o já citado ministro Délio Jardim de Matos responderia com o discurso do "revanchismo". "A anistia foi mais ampla do que a oposição pedia", disse em entrevista ao jornal *O Globo*. "Eu defendia a anistia com uma única preocupação, pois ela significa o perdão, o esquecimento bilateral. Quando vejo propagandas como 'Fui cassado, fui exilado', fico assustado. E não é de hoje que falo em revanchismo, eu falo isso desde antes do governo Figueiredo. Quando vejo um candidato se apresentar dizendo 'Eu montei um grupo que assaltou banco, eu fui preso', vejo que eles não esqueceram. Mas anistia é perdão", completou o ministro.

Criando um cenário de medo e de ameaças perenes, o regime promovia o discurso de repúdio ao "revanchismo".

Essa bandeira era encampada também pela imprensa, o que forçava as oposições a se comprometerem com a "conciliação" e o "esquecimento".

Parcela significativa das lideranças das oposições, notadamente no PMDB, mas também nos partidos mais à esquerda, vinha a público negar intenções "revanchistas". Ao fim das eleições de 1982, o PMDB saiu vitorioso em nove estados — São Paulo, Minas Gerais, Paraná, Pará, Amazonas, Goiás, Espírito Santo, Mato Grosso do Sul e Acre — e o PDT ganhou com Brizola no Rio de Janeiro. O novo cenário reconfigurava a correlação de forças e colocava desafios para o regime dar seguimento à abertura política em seus termos.

O próximo momento-chave do processo seria a sucessão do general-ditador João Baptista Figueiredo. O que o regime não esperava era o surgimento de uma ampla mobilização popular cuja demanda central era o retorno às eleições diretas para a presidência da República. Capitaneada por lideranças da oposição, a campanha das "Diretas Já!" representou o ápice da participação popular na tentativa de alterar os rumos previstos pelo regime para a abertura. E o tema do "revanchismo" ocupou enorme espaço no debate público.

A campanha das diretas foi para as ruas em junho de 1983, em Goiás, em um pequeno comício organizado pelo PMDB. Em novembro, em São Paulo, ocorreu o primeiro grande ato público da campanha, que aos poucos passou a reunir lideranças de entidades da sociedade civil: Igreja Católica, Ordem dos Advogados do Brasil, sindicatos, Associação Brasileira de Imprensa e artistas. De forma inédita, um jornal da grande imprensa, a *Folha de S. Paulo*, assumiu a bandeira das eleições diretas para si. Em abril de 1984, comícios gigantescos, os maiores da história do país até então, ocorreram no Rio de Janeiro e em São Paulo.

Essa mobilização, contudo, não logrou se sobrepor às pressões do regime sobre um Congresso Nacional ainda controlado pelo partido do governo, o PDS. A emenda que buscava restabelecer eleições diretas para presidente ainda em 1984 foi ao plenário da Câmara em 25 de abril daquele ano. Após 16 horas de sessão, acabou derrotada.

Para os militares e as elites políticas dirigentes do regime, uma das razões para manter sob estrito controle a sucessão de Figueiredo e impedir eleições diretas era o temor do "revanchismo". O governo e seus apoiadores argumentavam que não era a hora de permitir eleições diretas, pois isso atropelaria a dimensão "lenta, gradual e segura" prevista pelos militares para a abertura, abrindo caminho para uma suposta radicalização.

"O pior que pode acontecer nesta altura do processo sucessório", argumentava um editorial do jornal *O Globo* de fevereiro de 1984, "é a radicalização das posições em torno do dilema diretas-indiretas. A radicalização envenena o ambiente político e engendra indesejáveis concepções de tratamento anormal da crise, aquelas que implicam retrocesso da abertura." A ideia defendida no editorial era a de que o tempo certo das eleições diretas chegaria, mas era preciso aguardar, sem "radicalismos", o momento oportuno.

O texto sintetiza um dos aspectos fundamentais de todo o discurso do "revanchismo". Na leitura dos dirigentes e dos apoiadores do regime, a "radicalização" — no caso, a demanda por eleições diretas — seria uma forma de impedir a "abertura", a qual só poderia ocorrer nos termos previstos e desejados por esses mesmos atores. Quaisquer outras propostas sobre o caminho para uma democracia eram apresentadas como "radicais", portanto inviáveis.

O discurso do "revanchismo" daria o tom não apenas do debate sobre as eleições diretas, mas também de todo o processo sucessório após a derrota da emenda Dante de Oliveira [que estabelecia as eleições diretas]. Aliás, mesmo antes da votação, as lideranças da ala mais conservadora do PMDB já não acreditavam na possibilidade de aprovação da proposta e passaram a se articular para o Colégio Eleitoral, instituição que seria responsável pela eleição indireta do sucessor de Figueiredo.

A mobilização social desencadeada durante a campanha pelas "Diretas Já!", bem como o resultado da votação da emenda no Congresso, que registrou um número alto de dissidências no partido do governo, abriram caminho para a possibilidade de uma recomposição de forças políticas capaz de retirar do regime a condução do processo. Não havia, no entanto, possibilidade concreta de vitória de uma força efetivamente oposicionista, à esquerda, no Colégio Eleitoral. O espaço foi ocupado, então, por uma candidatura que podia se apresentar como conciliadora, que era bem-vista por grande parte dos militares e que poderia conduzir a sucessão sem apresentar riscos aos ocupantes do poder. O nome que reunia essas características era o de Tancredo Neves, então governador de Minas Gerais.

Para se viabilizar como possível sucessor, Tancredo se aproveitou de um racha interno ao PDS, ocorrido no processo de escolha do nome do partido para a sucessão. O presidente do partido, José Sarney, foi derrotado em sua proposta de realizar prévias, e o escolhido para representar a legenda governista no Colégio Eleitoral foi Paulo Maluf. Com isso, surgiu uma dissidência interna no PDS: a Frente Liberal, que logo começou a se aproximar com o PMDB.

A união da Frente Liberal com o PMDB foi chamada de Aliança Democrática. Essa convergência de setores selaria o destino da sucessão presidencial.

Um dos principais fatores que permitiram a formação da Aliança Democrática foi a convergência na crítica ao "revanchismo". De fato, dentre todos os aspectos que as elites políticas e militares aprovavam no nome de Tancredo Neves, um dos mais importantes era a garantia de que seu governo não se voltaria para um exame dos crimes da ditadura.

Em julho de 1984, o jornal *O Globo* trouxe uma matéria explicitando os pontos do protocolo de entendimentos que a Frente Liberal submeteu ao PMDB para formar a Aliança Democrática. A primeira exigência do documento era "a implantação de um governo de conciliação nacional, com a presença de segmentos políticos ligados à consolidação democrática".

Assim *O Globo* noticiava o sexto e último ponto do texto. "A conclusão do protocolo, apesar de aparentemente não abordar questões concretas, é apontada como peça fundamental da aliança: estabelece que o entendimento se dará voltado para o futuro, na busca da paz e tranquilidade da Nação. Sem mencionar, afasta os temores de que a ida de um oposicionista para o Poder possa significar um reexame do passado, retaliações ou revanchismo."

O assunto era tão sensível que o jornal publicou um editorial, na mesma página, intitulado "No centro, o núcleo da transição". "A transição democrática", diz o texto, "é um processo tão complicado e difícil que só pode ser levado a termo por uma aliança amplíssima de forças políticas. O eixo desse acordo só pode ser, consequentemente, um núcleo de forças centristas." Caracterizando a Aliança Liberal como o "centro", o jornal apontava o movimento como a "configuração necessária do sistema de alianças para o aprimoramento do regime". E concluía: "Na medida que transição, acordo e centrismo são termos indissociáveis da equação que rege o momento crucial da vida política, os extremos

— tudo que não pode ser assimilado pelo centro — ficam desorientados."

Poucos dias depois, Tancredo seria novamente elogiado em novo editorial do jornal, que recebia o sugestivo título de "A bússola da moderação". O texto trazia elogios à postura "realista" e "racional" de Tancredo em relação à impossibilidade de convocação de uma Assembleia Nacional Constituinte, à não realização das eleições diretas, ao relacionamento com o Fundo Monetário Internacional (FMI), à manutenção da Lei de Segurança Nacional, dentre outros aspectos.

"A moderação e o antirevanchismo", concluía o editorial, "constituem ingredientes fundamentais para a transição democrática que queremos pacífica e irreversível. Adepto dessa receita já antes de surgir como candidato à Presidência da República, hoje o governador de Minas está tendo a oportunidade de pregá-la à luz de compromissos solenemente assumidos perante a Nação."

Em agosto de 1984, após Maluf ser escolhido como candidato do PDS para o Colégio Eleitoral, os movimentos políticos que vinham sendo costurados foram efetivamente concretizados. Sarney migrou de vez para o PMDB, levando com ele a Frente Liberal e sendo indicado para compor a chapa presidencial como vice de Tancredo.

O pacto entre Frente Liberal e PMDB, organizado sob o nome de Aliança Democrática e expresso na chapa Tancredo-Sarney, foi assinado em 7 de agosto, e no dia 12 do mesmo mês ocorreu a convenção do PMDB que sacramentou a decisão do partido de lançar o governador de Minas como candidato no Colégio Eleitoral. Na convenção, Tancredo encerrou seu discurso reafirmando: "O nosso pacto social, assim, afasta desânimos e ressentimentos, covardias e represálias, acomodações e revanchismo, para abrir o país a uma nova estação da história".

Apesar do compromisso obtido já na formação da Aliança Democrática, a tentativa de gerar um pânico em torno da questão do "revanchismo" permeou todo o processo do Colégio Eleitoral. E, em um movimento de retroalimentação, Tancredo assim confirmava sua viabilidade junto aos dirigentes e apoiadores do regime exatamente na medida em que reforçava a dimensão conciliatória, não radical e não revanchista de sua candidatura.

"A minha candidatura não tem nem poderia ter qualquer sentido revanchista", afirmou Tancredo em entrevista em setembro de 1984. "Não é antirrevolução, mas pós-revolução. A grande maioria dos brasileiros é de jovens cujo interesse não é o exame do passado, mas a construção do futuro, com a solução dos graves problemas que afligem o país, enfim, com o destino do Brasil, que nos cabe assegurar."

A fala mereceu mais um editorial elogioso de *O Globo*. Cada vez mais se afirmava que só haveria democracia se o passado fosse deixado para trás.

Assim como os comandantes das Forças Armadas de 2023 parecem estar dispostos a entregar algumas cabeças para o abate, diante da impossibilidade de negar a participação dos militares nos atos do 8 de janeiro, também na redemocratização foi necessário fazer ajustes na base para assegurar o topo.

Em meio à abertura "lenta, gradual e segura", conflitos intramilitares também ficaram evidentes. O avanço da transição, como se sabe, foi acompanhado do crescimento de uma extrema direita fardada que passou a adotar táticas de terrorismo para tentar interromper a abertura democrática. Inúmeros atentados a bomba foram realizados, sempre com o objetivo de construir um clima de medo e ameaça, bem como de incriminar as esquerdas por essas ações.

Atentados às sedes da Associação Brasileira de Imprensa (ABI) e da Ordem dos Advogados do Brasil (OAB) já haviam sido promovidos respectivamente em 1976 e 1980 — este último deixando um morto. Mas o episódio do Riocentro, no Primeiro de Maio de 1981, pela ousadia e pelo erro crasso dos militares — que acabaram deixando a bomba explodir dentro do carro em que estavam, matando um dos agentes e ferindo o outro — ganhou enorme repercussão.

A existência de uma extrema direita militar era muito conveniente para a cúpula das Forças Armadas e para os dirigentes do regime que buscavam se apresentar como o caminho do meio, da moderação. Esses ataques permitiam aos condutores da abertura atualizar o discurso de que havia "dois lados", igualmente "radicais". Nos primeiros anos da década de 1970, quando corria o auge da repressão, as torturas e os crimes ficaram tão evidentes que seria impossível simplesmente negar sua existência. Naquele momento, a saída dos militares foi reconhecer a existência de "excessos individuais".

Já em meados dos anos 1980, a ideia de "dois lados" passou a permitir uma falsa equivalência entre terroristas militares de extrema direita que explodiam bombas em shows, de um lado, e vozes dissonantes que reivindicavam memória, verdade, reparação e justiça para as vítimas da ditadura, de outro.

Em ambos os esforços de criar essa falsa equivalência havia um objetivo comum. Assegurar a imagem de que as Forças Armadas, enquanto instituição, não tinham relação nem com os "excessos individuais" dos torturadores nem com os ataques terroristas. Essa era, talvez, a principal função de todo o discurso em torno do medo do "revanchismo".

Em novembro de 1984, *O Globo* publicou uma matéria intitulada "Revanchismo não. É o pacto da Aliança". O país estava já no auge da campanha eleitoral, e o texto cumpria o papel de reafirmar o compromisso da Aliança Democrática de não tratar das violências da ditadura. O candidato a vice da chapa, José Sarney, declarou ao jornal: "No Brasil a Revolução foi feita em nome dos valores democráticos, e nunca as Forças Armadas se levantaram, por cesarismo ou caudilhismo, de modo a tomar o poder e dele se apossar." Na opinião de José Sarney, "no Brasil as Forças Armadas nada têm a dever à Nação, e se existiram alguns excessos, estes se realizaram por pessoas e bolsões agindo por conta própria, facilmente identificáveis".

Ao mesmo tempo em que desresponsabilizava as Forças Armadas pelo golpe de 1964 e pelos crimes da ditadura, o discurso sobre o "revanchismo" servia para valorizar o papel da instituição durante a abertura política. Voltemos ao discurso de Tancredo na convenção do PMDB, em 12 de agosto de 1984. "O Brasil muito deve às nossas Forças Armadas", afirmou o então candidato. "Desde quando se organizaram, ainda nas origens da nacionalidade, elas passaram a se constituir em vínculo de unidade nacional, na sustentação de nossas instituições livres, na projeção de nosso orgulho nacional, em instrumento da consolidação de nossa democracia. Emanadas do povo, a serviço do povo, elas bem merecem o respeito e o reconhecimento nacional que as envolvem", afirmou.

Com base nessa leitura da história da presença militar na vida do país, o que se buscava era apresentar as Forças Armadas como representantes da "moderação", e, portanto, como um ator que, ao lado das elites políticas — também "moderadas", como o seriam Tancredo e Sarney — garantiria o caminho da redemocratização.

Mas mesmo as constantes sinalizações para as Forças Armadas não eram capazes de impedir que as ameaças da caserna se fizessem sentir no curso daquele processo. Em um comício de Tancredo em Goiânia, em setembro de 1984, militantes levaram bandeiras vermelhas. Foi o suficiente para ensejar a convocação de uma reunião do Alto Comando do Exército em Brasília, cujo objetivo era o de analisar a "conjuntura político-eleitoral".

Em nota, o ministro do Exército apontava que haviam sido analisados, nessa reunião, aspectos como "a crescente e preocupante radicalização política, com o apoio ostensivo das organizações clandestinas de esquerda" e a "a evidência dos riscos que a radicalização pode representar para a estabilidade do processo sucessório e para o próprio êxito do projeto de abertura política do governo". O texto se encerrava com o Exército assegurando que se manteria "totalmente isento" em relação às atividades político-partidárias.

Nas falas e discursos de Tancredo, o Exército aparecia como "instrumento da consolidação da democracia", que era valorizado por supostamente não interferir no processo de sucessão. Mas esse mesmo Exército mantinha sua presença pública ostensiva, colocando-se como ator que poderia entrar em cena a qualquer momento, caso julgasse necessário.

Um tortuoso exercício de retórica — que demandava como contrapartida outro exercício de deliberada cegueira política — permitia que, no auge da intervenção no processo sucessório, com claras ameaças aos setores à esquerda do espectro político, a instituição afirmasse que se mantinha "totalmente isenta" das atividades político-partidárias.

Em 15 de janeiro de 1985, o Colégio Eleitoral se reuniu. Dos 686 presentes, 480 deram seu voto à chapa da Aliança Democrática. Com isso, sagrou-se vitoriosa a articulação de setores moderados do antigo MDB com dissidentes da antiga Arena para conduzir a sucessão e o primeiro governo civil após duas décadas.

Representando um pacto de elites políticas que tinha como um dos eixos fundamentais a garantia do não "revanchismo", Tancredo foi eleito indiretamente para a presidência da República tendo ao seu lado inúmeras figuras que haviam desempenhado papel central no regime ditatorial — a mais célebre delas, o próprio vice-presidente, José Sarney, que até 1984 era presidente do partido de sustentação do governo. No fim daquele mesmo mês, a Frente Liberal tornou-se definitivamente um partido, o Partido da Frente Liberal (PFL).

Em seu discurso da vitória, em determinado momento, Tancredo fez um agradecimento à contribuição de diversos atores para o processo de transição. Após agradecer aos poderes Legislativo e Judiciário e à Igreja, ao povo, às famílias, e às organizações da sociedade civil, sobrou um espaço para agradecer às Forças Armadas e ao próprio Figueiredo, apresentado no discurso como protagonista do processo de abertura. A ditadura chegava ao fim, mas não sem receber loas e agradecimentos do presidente eleito.

Mesmo após eleito, Tancredo fez questão de reafirmar seu compromisso com a "conciliação" e contra o "revanchismo". Em um ato carregado de simbolismo, foi visitar a Espanha. O país europeu havia superado a ditadura de Francisco Franco em 1976, tendo como marco de sua redemocratização o Pacto de Moncloa, um acordo que envolvera variadas forças políticas e sociais para viabilizar uma transição pactuada para uma nova ordem.

Nesse processo, uma anistia geral garantiu a não responsabilização de agentes do franquismo e nenhuma medida de acerto de contas com o passado ditatorial do país foi adotada. Tancredo visitou o primeiro-ministro Felipe González e saiu do encontro com uma cópia física dos acordos que embasaram o referido pacto. À imprensa, afirmou categoricamente: "Não há dúvidas de que o Pacto de Moncloa é um modelo para nós."

Tancredo não chegou a exercer a Presidência. No dia 14 de março de 1985, véspera de sua posse, foi internado, e Sarney assumiu o cargo em seu lugar. Em 21 de abril, Tancredo morreu sem nunca ter sido empossado. Sarney ficou no posto até o final do mandato, em 1990, de modo que o primeiro presidente civil, após 21 anos de ditadura militar, foi um quadro dirigente do regime que se encerrava.

Mas o papel desempenhado por Tancredo e sua costura política em torno de uma candidatura capaz de levar adiante o penúltimo capítulo da abertura "lenta, gradual e segura" — o último estava por vir, na forma da Assembleia Nacional Constituinte — sem que qualquer risco se apresentasse para os militares, continuou sendo louvado pela imprensa. Em editorial de agosto de 1985, já celebrando o papel desempenhado por Tancredo, *O Globo* fazia uma vinculação explícita entre a Nova República e o repúdio ao revanchismo. "A anistia está na lógica e na base da Nova República", afirmava o texto. "E nunca será demais lembrar que a Nova República não nasceu de uma demonstração de força — revolução, deposição, golpe etc. — contra os expoentes e representantes do regime anterior. Nasceu precisamente do espírito de conciliação e dos compromissos de transigência que serviram de ponte à transição institucional e nos fizeram chegar, serenamente, à realidade da alternância de poder."

A anistia está na lógica e na base da Nova República. Agora, depois do 8 de janeiro, cabe nos perguntarmos: devemos seguir assim?

SOBRE AS AUTORAS E OS AUTORES

ALCIONE ARAÚJO [1945-2012]

Foi romancista, dramaturgo, roteirista de cinema, televisão, cronista e ensaísta. Foi vencedor do prêmio Jabuti em 2005, com o livro de crônicas *Urgente é a vida* (Record, 2004).

ALDIR BLANC [1946-2020]

Foi letrista, compositor, cronista e médico. É autor de mais de 600 canções. Teve mais de 50 parceiros na carreira, mas sua principal parceria se deu com João Bosco, que musicou a canção *O bêbado e a equilibrista*. Publicou pela Mórula a coleção *Aldir 70*, com cinco livros de crônicas — as reedições de *Rua dos Artistas*, *Porta de tinturaria* e *Vila Isabel, inventário da infância*, e dos inéditos *Direto do balcão* e *O gabinete do doutor Blanc*.

ARTHUR JOSÉ POERNER [1939-2022]

Foi jornalista, escritor e compositor. Ex-preso político e exilado, é autor de *O poder jovem: história da participação política dos estudantes brasileiros* (Civilização Brasileira, 1968) e de *Memórias do exílio* (1976), quando estava no exílio em Lisboa, entre outros livros.

ATHAYDE MOTTA

Foi militante no movimento de associações de moradores e no movimento por moradia. Mestre em antropologia (Universidade do Texas, Austin, Estados Unidos), atua em organizações sociais há vários anos. Atualmente é diretor-geral do Instituto Brasileiro de Análises Sociais e Econômicas (Ibase).

BETE MENDES

É atriz atuando em mais de 70 novelas, filmes e peças teatrais. Em 1970 foi presa por três vezes pelo DOI-CODI, chegando a ficar 30 dias detida, período em que foi torturada. Uma das fundadoras do Partido dos Trabalhadores (PT), se elegeu deputada federal (1983-1987); na eleição seguinte, filiada ao então PMDB, elegeu-se novamente e participou da Constituinte.

CECÍLIA COIMBRA

É psicóloga (Gama Filho), historiadora (UFRJ), professora com mestrado, doutorado e pós-doutorado. Foi militante do Partido Comunista e presa pela ditadura em 1970, sendo torturada diversas vezes. É fundadora do Grupo Tortura Nunca Mais-RJ.

CHICO ALENCAR

É professor de História, escritor — com 35 livros publicados — e político, filiado ao Partido Socialismo e Liberdade (PSOL). Em 2022 foi eleito para seu 5° mandato como deputado federal pelo Rio de Janeiro. É membro da Comissão Brasileira de Justiça e Paz, vinculada à CNBB, e da coordenação do Movimento Nacional de Fé e Política.

CHICO MÁRIO (1948-1988)

Foi compositor e violonista. Apesar da morte precoce por conta da hemofilia, tem uma produção musical vasta, com 8 discos autorais, 89 composições e 3 livros lançados. O acervo de sua obra pode ser consultado no Instituto Cultural Chico Mário (**https://www.institutochicomario.org.br/**).

DULCE PANDOLFI

É cientista social. Foi pesquisadora e professora da FGV (1976-2018), diretora do Ibase (2004-2011) e diretora do Centro Internacional Celso Furtado de Políticas para o Desenvolvimento (2012-2015). Na década de 1970 foi presa e torturada pela ditadura. Atualmente é membro do Conselho Consultivo da *ActionAid*.

FREI BETTO

É frade dominicano e escritor, autor de mais de 50 livros, entre memórias, romances e ensaios. Preso duas vezes pela ditadura, relatou a experiência em livros como *Diário de Fernando* e *Batismo de sangue*, este último vencedor do Prêmio Jabuti (1983) e adaptado para o cinema com direção de Helvécio Ratton.

HELOISA TEIXEIRA

É ensaísta, escritora, editora e crítica literária. É professora emérita da Escola de Comunicação da UFRJ. Em 2023 foi eleita para ocupar a 30ª cadeira da Academia Brasileira de Letras. Seu livro mais recente é *Rebeldes e marginais: cultura nos anos de chumbo (1960-1970)*.

HELONEIDA STUDART (1932-2007)

Foi uma escritora, ensaísta, teatróloga, jornalista, política e defensora dos direitos das mulheres. Foi deputada estadual do Rio de Janeiro por seis mandatos pelos partidos MDB (1979-1987) e PT (1988-2007). Foi perseguida e presa pela ditadura em 1969.

HENFIL (1944-1988)

Foi cartunista, quadrinista, escritor e diretor de cinema. Teve seus trabalhos publicados nas revistas *Alterosa*, *Realidade*, *Visão*, *Placar* e *O Cruzeiro*, no *Jornal dos Sports*, *Jornal do Brasil* e *O Pasquim*. Lançou, em 1972, a revista *Fradim*. Foi um ativista dos direitos humanos e pela anistia no Brasil. Entre os livros publicados, estão *Diário de um cucaracha*, *Henfil na China*, *Diretas já!* e *Como se faz humor político*. Dirigiu o filme *Tanga (Deu no New York Times?)*.

HERBERT JOSÉ DE SOUZA (1935-1997)

Mais conhecido como Betinho, foi um sociólogo e ativista dos direitos humanos. Fundador do Ibase e da Ação da Cidadania contra a Fome, a Miséria e pela Vida. Em 1971 se exilou no Chile e posteriormente no Canadá e no México, por conta da ditadura brasileira.

HILDEGARD ANGEL

É jornalista, fez teatro, cinema e trabalhou na televisão nas décadas de 1960 e 1970. A partir de 1980 notabilizou-se como colunista social. É filha da estilista Zuzu Angel e irmão do ex-militante político Stuart Angel Jones, assassinado pela ditadura.

IRLES DE CARVALHO

É mestra em Ciências Políticas. Consultora em educação. Diretora da Editora Malo, especialista em criação e produção de livros e jogos infantis. Militante política e exilada, voltou com a anistia em 1979.

ITAMAR SILVA

É jornalista e presidente da Associação Escola Sem Muros — Grupo Eco, que atua na favela Santa Marta. Ativista social e militante do Movimento de Favelas do Rio de Janeiro, discute urbanização e racismo.

JAIME WALLWITZ CARDOSO (1948-2023)

Foi militante da Vanguarda Armada Revolucionária (VAR-Palmares). Preso em 1969, esteve entre os presos políticos soltos em troca da libertação de embaixador suíço, em 1971, se exilando no Chile e depois na Suécia, onde viveu até voltar para o Brasil com a anistia geral, em 1979.

JAMES N. GREEN

É professor de história do Brasil na *Brown University* em *Providence*, Rhode Island. É autor de *Além do carnaval: a homossexualidade masculina no Brasil do século XX* e *Apesar de vocês: a oposição à ditadura brasileira nos EUA, 1964-85*. Atualmente está escrevendo uma biografia sobre Herbert Daniel, estudante de medicina, guerrilheiro, exilado, e militante do movimento de HIV/AIDS.

JESSIE JANE VIEIRA DE SOUSA

É professora aposentada da UFRJ e ex-diretora do Arquivo Público do Estado do Rio de Janeiro. Foi militante da Aliança Libertadora Nacional (ALN). Presa em 1970, ficou nove anos detida, tendo passado pelo CISA, DOI-Codi até chegar ao Tavalera Bruce. Atualmente integra o Coletivo Memória, Verdade e Justiça do Rio de Janeiro.

JOÃO VICENTE GOULART

Viveu sua infância e adolescência do exílio no Uruguai ao lado dos pais. Foi um dos fundadores do Partido Democrático Trabalhista (PDT), ao lado do seu tio Leonel Brizola. É fundador e presidente do Instituto João Goulart. É autor dos livros *Entre anjos e demônios: poemas do exílio* e *Jango e eu: memórias de um exílio sem volta*.

JUREMA WERNECK

É ativista feminista, médica, pesquisadora, comunicóloga, cofundadora da organização não governamental Crioula. É também Diretora-Executiva da Anistia Internacional no Brasil, desde fevereiro de 2017, e faz parte do quadro da direção do *Global Fund for Women*.

LUCAS PEDRETTI

É historiador e sociólogo, integra a Coalizão Brasil Memória, Verdade, Justiça, Reparação e Democracia, editor do projeto História da Ditadura e autor de *Dançando na mira da ditadura: bailes soul e violência contra a população negra nos anos 1970* (Arquivo Nacional, 2022) e *A transição inacabada: violência de Estado e direitos humanos na redemocratização* (Companhia das Letras, 2024).

MARILIA GUIMARÃES

É pedagoga. Entrou na clandestinidade em 1969, perseguida pela ditadura brasileira. É autora do livro *Habitando o tempo: clandestinidade, sequestro e exílio*, onde relembra sua participação no sequestro de um avião em 1970 (que viria para o Rio de Janeiro e foi para Havana) e sobre os 10 anos que viveu em Cuba.

MIRIAM LEITÃO

É jornalista de economia e apresentadora de TV. Em 1972, então grávida, foi presa e torturada pela ditadura brasileira por ser militante do Partido Comunista do Brasil (PCdoB).

PEDRO TIERRA

É poeta e político, militou na Aliança Libertadora Nacional (ANL). Foi preso em 1972 pela ditadura, permanecendo no cárcere por 5 anos. Publicou *Poemas do povo da noite*, escrito durante seu período na prisão. Participou da fundação do Partido dos Trabalhadores (PT), do Movimento dos Trabalhadores Rurais Sem Terra (MST) e da Central Única dos Trabalhadores (CUT).

REGINA SODRÉ VON DER WEID

É musicista e ativista política, foi presidente do Movimento Feminino pela Anistia e Liberdades Democráticas. Mãe de Jean Marc von der Weid, líder estudantil preso no congresso da UNE em Ibiúna, em 1968, e um dos 70 presos políticos banidos do país em janeiro de 1971 em troca do embaixador suíço.

ROSE MARIE MURARO (1930-2014)

Foi escritora, editora, intelectual e feminista. É autora de mais de 40 livros e também atuou como editora em 1600 títulos, quando foi diretora da Editora Vozes. Nos anos 1970 foi uma das pioneiras do movimento feminista no Brasil.

VERA VITAL BRASIL

É psicóloga clínico-institucional, militante do coletivo Memória, Verdade, Justiça e Reparação-RJ. Integrou a equipe Clínico-Grupal Tortura Nunca Mais do Rio de Janeiro (1991-2010) e coordenou o Projeto Clínicas do Testemunho do Rio de Janeiro da Comissão de Anistia (2013-2015). Durante a ditadura foi presa e torturada em 1969, por três meses no DOI-Codi do Rio de Janeiro. Exilou-se no Chile até 1976, quando voltou para o Brasil.

YNAÊ LOPES DOS SANTOS

É doutora em história social na Universidade de São Paulo (USP), professora na Universidade Federal Fluminense (UFF), autora de *Racismo brasileiro: uma história da formação do país*, *Além da senzala: arranjos escravos de moradia no Rio de Janeiro (1808-1850)* e *História da África e do Brasil afrodescendente*.

COORDENAÇÃO EDITORIAL
Vitor Castro

REVISÃO
Marilia Pereira

PROJETO GRÁFICO
Patrícia Oliveira

CIP-BRASIL. CATALOGAÇÃO NA PUBLICAÇÃO
SINDICATO NACIONAL DOS EDITORES DE LIVROS, RJ
Gabriela Faray Ferreira Lopes – Bibliotecária – CRB 7/6643

N849

Um novo tempo: 60 anos do golpe, 45 anos da anistia / organização Daniel Souza, Gylmar Chaves, Paulo Abrão; [coordenação Vitor Castro]. – 1. ed. – Rio de Janeiro: Mórula, 2024.
260 p. ; 21 cm.

ISBN 978-65-6128-010-5

1. Ditadura – História – Brasil. 2. Anistia – Brasil – História. 3. Brasil – Política e governo – 1964-1985. I. Souza, Daniel. II. Chaves, Gylmar. III. Abrão, Paulo. IV. Castro, Vitor.

24-88692 CDD: 981.063
CDU: 94(81)"1964/1985"

Rua Teotônio Regadas 26 sala 904
20021_360 _ Lapa _ Rio de Janeiro _ RJ
www.morula.com.br _ contato@morula.com.br
morulaeditorial morula_editorial

Este livro foi composto em Nassim Latin e Bebas Neue em papel cartão 300g/m^2 na capa e miolo em pólen bold 90g/m^2. Foi impresso na gráfica Rotaplan em 2024, 60 anos depois do golpe militar que deu início à ditadura que durou 21 anos e deixou marcas que ainda persistem entre nós; e 25 anos depois da Lei da Anistia, sancionada após ampla mobilização social, ainda durante a ditadura militar, pelo então presidente João Batista Figueiredo. As lembranças dos tempos de luta contra a ditadura permanecem e reafirmam a importância da democracia e do estado de direito.